GÉNÉALOGIE

DE

DARUTY DE GRANDPRÉ

COMTAT-VENAISSIN

CHAMPAGNE

ILE-DE-FRANCE (MAURICE)

Seigneurs de Grandpré
Saint-Urbain
Warnécourt, Mondigny, Evigny
et autres lieux

BERGERAC
IMPRIMERIE GÉNÉRALE DU SUD-OUEST
—
1891

DARUTY DE GRANDPRE

GÉNÉALOGIE

DE

DARUTY DE GRANDPRÉ

COMTAT-VENAISSIN

CHAMPAGNE

ILE-DE-FRANCE (MAURICE)

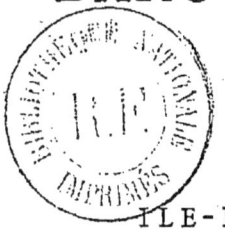

Seigneurs de Grandpré
Saint-Urbain
Warnécourt, Mondigny, Evigny
et autres lieux

BERGERAC
IMPRIMERIE GÉNÉRALE DU SUD-OUEST
—
1891

tion *fils de Darut*. Au moyen-âge, en effet, les noms patronymiques étaient presque toujours au génitif, la qualité de *filius* étant sous-entendue. Le nom *Darut* aurait donc pris d'abord la forme *Daruti*, modifiée ensuite en *Daruty*.

Ainsi s'expliquerait d'ailleurs ce fait que, traduisant plus tard en français l'énonciation latine, on ait, par une version nouvelle, écrit *du Darut* et *de Darut*, comme on le rencontre quelques années avant la Révolution.

On relève, en effet, ces variantes dans divers actes, à l'égard d'un seul et même personnage, indifféremment. Ainsi, le titulaire du fief de Saint-Urbain est inscrit à son baptême sous les nom et prénoms de « François-Joseph-Marie « *Darut*, fils naturel et légitime de « noble Louis », et les lettres-royaulx, érigeant ce domaine en fief, portent *Daruti* et *Daruty*. Il en est de même des rôles des seigneurs feudataires, de ceux des tailles et des procès-verbaux de l'Assemblée Représentative du Comtat. Lors de son mariage, à Versailles,

Elle y a possédé le fief de Saint-Urbain, et, postérieurement, en Champagne, les seigneuries de Warnécourt, Evigny, Mondigny et autres.

Darut, — du sanscrit *dâru*, bois, arbre, pin, et du grec δρὺς, chêne, — est la forme comtadine du nom (2), de laquelle dérivent les variantes *Daruti* et *Daruty*, soit par suite d'une coutume, autrefois générale au Comtat, du XIIIe au XVIIe siècles, de donner aux noms une allure italienne, soit en raison de la rédaction en latin des registres de baptême, l'emploi du latin imposant la déclinaison du nom Darut et l'énonciation *filius Daruti*, en place de la men-

---

(2) Quelques localités portent également ce nom ; telles sont : *Le Daru* (Savoie), commune de la Bathie, canton et arrondissement d'Albertville ; *Daru* (Drôme), commune de Roche-Saint-Secret, canton de Dieulefit, arrondissement de Montélimar ; *Le Daru* (Nord), commune de Baisieux, canton de Lannoy, arrondissement de Lille ; *Les Darus* (Isère), commune de Saint-Bonnet-de-Chavannes, canton et arrondissement de Saint-Marcellin. — Auraient-elles emprunté leurs noms à quelques membres de cette famille émigrés du Comtat ?

DARUTY DE GRANDPRÉ

COMTAT-VENAISSIN

CHAMPAGNE

ILE-DE-FRANCE, AUJOURD'HUI MAURICE

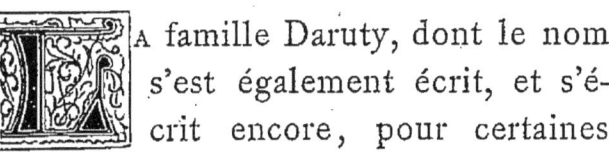A famille Daruty, dont le nom s'est également écrit, et s'écrit encore, pour certaines branches, sous la forme *Darut*, est originaire du Comtat-Venaissin (1), où elle fut, en un temps, grande et puissante.

---

(1) Une tradition qui s'est transmise jusqu'à nos jours voudrait que cette famille fut originaire d'Italie. Elle se serait réfugiée au Comtat à l'époque des guerres civiles entre Guelfes et Gibelins.

le 27 avril 1773, il est dénommé : « haut
« et puissant seigneur, messire Fran-
« çois-Joseph-Marie, marquis *du Darut*
« de Grandpré, chevalier, seigneur de
« Saint-Urbain », et les procès-verbaux
de l'Assemblée de la Noblesse du bail-
liage de Vitry-le-François, en 1789,
mentionnent : « Messire François-Jo-
« seph-Marie, marquis *de Darut*, baron
« de Grandpré, chevalier, seigneur de
« Warnécourt et autres lieux ». (La
Roque et de Barthélemy. *Catalogue des
Gentilshommes de Champagne*, p. 55;
Archives Nationales, B, III, 157, pages
125, 170 et 235).

※※※※※

Le titre de *chevalier* est donné à plusieurs membres de la famille, dans
divers actes authentiques, ainsi que les
qualifications de *Messire*, de *Illustrissime* et de *Haut et Puissant seigneur*.
Le titre de *Baron* est donné à un officier
général dans divers brevets, états de
services et autres documents officiels,

entre autres dans une Commission de ministre plénipotentiaire. (*Archives du Ministère des Affaires étrangères*, 1775, n° 575, pièce 175, 31 mars 1775.) Enfin, en 1770, pendant l'occupation française du Comtat-Venaissin (3), le roi Louis XV octroie au même officier le titre de marquis (4).

※※※※※

Le domaine de Saint-Urbain, aux environs de Valréas, est érigé en fief,

---

(3) En 1768, Clément XIII ayant fulminé un bref contre le duc de Parme, petit-fils de Louis XV, ce dernier s'empara d'Avignon et du Comtat-Venaissin. Le pays fut entièrement soumis à la domination française pendant six ans.

(4) Dans leur *Catalogue des Gentilshommes du Comtat-Venaissin*, page 45, MM. de La Roque et de Barthélemy mentionnent Saint-Urbain comme ayant été érigé en marquisat, en 1770, par bref pontifical. D'autre part, l'*Annuaire de la Noblesse pour 1860*, de M. Borel d'Hauterive, attribue cette érection à Louis XV, pendant l'occupation française du Comtat. La version du *Catalogue* nous semble discutable, le Comtat n'étant pas, à l'époque indiquée, sous la juridiction du Pape. (*Voir*

par Louis XV, roi de France et de Navarre, comte de Provence, Forcalquier et terres adjacentes, en faveur de François-Joseph-Marie Daruty de Grandpré, — alors maréchal des camps et armées du Roi et chevalier de l'Ordre militaire de

---

note précédente). — Notons de plus que *François-Joseph-Marie Daruty* de Grandpré, en faveur de qui cette érection aurait été faite, n'a jamais pris le titre de *marquis de Saint-Urbain*, mais bien ceux de : *marquis de Darut, baron de Grandpré, chevalier, seigneur de Saint-Urbain*, ce qui semblerait établir que le titre ne fut pas attaché au domaine, mais octroyé à la famille en la personne de son chef. Le premier acte où nous le retrouvons ainsi désigné est du 27 avril 1773 et les derniers de 1789. Dans l'état actuel des Archives du Comtat, les lettres-patentes relatives à ce titre de marquis n'ont pas été retrouvées, mais le titre est incontestable en vertu d'une longue et constante possession et des pièces officielles qui en font foi. M. le marquis de Séguins-Vassieux, qui possède une des plus riches collections de documents sur les anciennes familles comtadines, et dont l'opinion fait autorité en pareille matière, a bien voulu nous écrire sur ce point : — « Je ne
« saurais vous dire si réellement la seigneurie de
« Saint-Urbain a été érigée en marquisat, mais je
« tiens pour certain que le titre de marquis a été
« conféré par Louis XV à un M. Daruty de Grand-
« pré, et ce seigneur a figuré parmi les élus ou
« syndics de la Noblesse du Comtat. »

Saint-Louis, — ses successeurs ou ayants-cause, par lettres-royaulx, datées de Fontainebleau, octobre 1770, registrées au Parlement de Provence, le 27 février 1771, et à la Chambre des Domaines, Eaux et Forêts du Comté-Venaissin, le 11 avril 1771 (Livre M, folio 389, et *Archives départementales des Bouches-du-Rhône*, section du Palais-de-Justice d'Aix, Lettres-royaulx de 1771, folio *323, verso.*)

Après la rétrocession du Comtat au Pape, ce fief est porté sur le rôle des tailles payées annuellement par les seigneurs feudataires du Saint-Siège, notamment en 1786 et 1789 (*Bibliothèque de Carpentras*. Collection Tissot, tome VII, folios 131 et 132), et plusieurs membres de la famille figurent parmi les élus ou syndics de la Noblesse (*Archives Nationales*, B, III, 129, pages 301 à 306; *Catalogue des Gentilshommes du Comtat-Venaissin*, pages 40, 42, 45 et 48; *Ibidem* Champagne, page 38; *Annuaire de la Noblesse*, 1860, page 345; *Ibidem*, 1861, page 242; *Annales Patriotiques du Comtat-Venaissin*, 1790, nᵒˢ 16, 19, 25, 27, 34 et 345 ; *Nouvelles Annales* dᵒ, nᵒ 1, juillet 1790, pages 3 et 21 ; *Collection Tissot*, nᵒ 28, et tomes VII et VIII).

※

Les lettres-royaulx précédemment mentionnées, dont une expédition authentique a été délivrée, le 14 novembre 1884, par le secrétaire-général de la préfecture des Bouches-du-Rhône, constatent en ces termes l'ancienneté et la noblesse de cette maison, et la signalent comme ayant eu quelques-uns de ses membres au service des rois de France, dès 1577 (5) :

« Sa famille a été dans tous temps
« recommandable. Issus d'une ancienne
« noblesse, ses ancêtres furent décorés
« de titres honorables. Désirant donner
« des témoignages de notre contente-
« ment des services que le sieur Daruty
« de Grandpré nous a rendus, l'engager

---

(5) Les lettres-royaulx ne citent aucun nom à ce propos.

« à nous les continuer avec le même
« zèle et reconnaître en sa personne
« ceux de ses ancêtres, — ils ont mérité
« des rois nos prédécesseurs au service
« desquels ils étoient dès quinze cent
« soixante-dix-sept, — Nous avons ré-
« solu d'ériger en fief les biens qu'il
« possède au quartier de Saint-Urbain,
« territoire de Vauréas, au Comtat-
« Venaissin, relevant de Nous à cause
« de la ville de Vauréas, dont nous
« sommes Seigneur. »

Les lettres-royaulx d'octobre 1770, ci-dessus mentionnées, constatent l'existence, sans indication de prénoms, de certains membres de cette famille qui, en 1577, étaient au service des rois de France. D'autres documents, tels que l'*Inventaire sommaire des Archives communales du Puyméras*, établissent encore la présence de cette famille dans le Comtat au début du XIIIe siècle. Néanmoins, dans l'état actuel des archives de cette province, dispersées ou détruites lors de la Révolution, il n'est possible d'établir aujourd'hui une filiation suivie qu'à partir de la fin du XVIe siècle.

Le 16 février 1613, devant Me Eymard, notaire royal à Pierrelatte, en Dauphiné, comparaît, en effet :

I. — Anthoine Darut, habitant de la commune de Valréas, veuf de Marguerite Merle, dont nous allons suivre la filiation.

Il signe alors au contrat de mariage de son fils Jehan, qui suit ;

II. — Jehan Darut, fils des précédents, épouse à Pierrelatte, le 16 février 1613, demoiselle Claude Michel.

Ce mariage, dont nous possédons une expédition du contrat, est célébré en présence de Monseigneur le Révérendissime Evesque et comte de Saint-Paul (Antoine du Cros), de Sire Nycollas Bonnet, de Valréas, oncle de l'époux, de Sire Lorans Michel, père de l'épouse, de Sire Jehan Michel, son oncle, de Monsieur Richard Sabatier, docteur en droit, juge ordinaire de la ville de Valréas et major de son ressort ; du sieur Jehan Darut, cousin de l'époux ; de Sire Jehan Brunet et de divers notables témoins. L'acte stipule l'émancipation du marié, ce qui permet d'admettre qu'il avait alors à peine vingt ans, et son père, qui « possède des créances sur des communautés villageoises du Dauphiné », lui consent un douaire assez important (6).

---

(6) Vers la même époque on rencontre au Puyméras d'autres *Darut* et *Daruty*, appartenant à la même famille, et dont descendent les Daruty, encore récemment nombreux à Avignon, Carpentras, Orange, et autres villes du Comtat. Tels sont : Eylde Daruty, décédé le 13 juin 1628 ; Guillaume Daruty, décédé le 26 septembre 1629 ; Antoine Darut, décédé le 16 avril 1657, époux de Marie Jacques ou Jacquet ; Antoine Darut, époux de .... Langrasse, dont il eut une fille, Marie, née le 25 novembre 1625 ; Calixte Darut, décédé le 4 janvier 1631, époux de Esprit Reboule, dont il eut plusieurs enfants ; Adam-Vincent Daruty, décédé le 1er septembre 1671, marié le 25 avril 1630 à Catherine Rostagne ; Martin Darut, époux de Louise Lafont ; Louis Darut, marié à Avignon, le 30 septembre 1660 à Jeanne Jacquet et décédé au Puyméras, le 8 mars 1704, à l'âge d'environ 70 ans. — Antoine Darut, né le 4 décembre 1665, et

Une convention intervenue entre Jehan et son frère, le 18 novembre 1630, reçue par Monsieur Jean Vincens de Moute, et mentionnée dans un acte emphythéotique postérieur, nous apprend qu'à cette date, Antoine étant décédé, ses biens ont été partagés entre ses deux fils ; mais le texte de cette convention n'étant pas reproduit, le prénom de ce frère de Jehan nous échappe.

Jehan, resté propriétaire de divers terrains et maisons à Valréas et envi-

---

Claude-Louis Daruty, né en 1671, décédé à Avignon le 26 octobre 1751, tous deux fils de Louis, qui précède, sont les auteurs des rameaux d'Avignon et de Carpentras. A leur mariage, figure, avec la qualité d'oncle, Benoît Daruty, l'un des nombreux fils de Martin, cité précédemment. — D'autre part, le cadastre de 1631 mentionne, avec description des biens qu'ils possédaient au Puyméras : Antoine Daruty, le jeune, Martin Daruty, Louis Daruty, Calixte Daruty et Pierre Daruty. Nous retrouvons par la suite ce dernier à Valréas : 4 octobre 1655, mariage de Pierre Daruti, du Puyméras, et de Anne Julian ; 5 novembre 1690, décès de Pierre Daruti, âgé de 60 ans, époux de Anne Julien, enterré (comme tous les Darut de Valréas), dans l'église de la paroisse.

rons, — Portalon, Les Crottes, La Coste, Raschasier, Quenise, La Panouse, Fontfinettes, La Palun, etc., — en fait l'aveu et le dénombrement dans un acte emphythéotique du 9 janvier 1666, précité.

III. — Anthoyne Darut, son fils, deuxième du nom (7), marié à demoiselle Marie-Marguerite Faure (contrat du 14 octobre 1657, passé devant Me Jean Bonet, notaire), fait également, le

---

(7) Jehan eut sans doute d'autres enfants, car nous retrouvons dans les registres de Valréas les indications suivantes qui semblent justifier cette supposition :

a. — 9 octobre 1693, décès de Gabrielle Darute épouse de Charles Pays, âgée de 60 ans, ensevelie dans l'église de la paroisse. — En 1687, figure comme témoin au mariage de Joseph-Marie Darut, dont il sera parlé plus loin, noble Charles Pays, docteur. Charles Pays fut, en effet, reçu docteur en droit à l'Université d'Avignon en 1650. Il est l'auteur des branches Pays de Moracet et Pays d'Alissac.

b. — 18 juillet 1699, décès de François Daruti, âgé de 70 ans, enseveli dans l'église de la paroisse.

c. — 13 juillet 1703, décès de Jeanne-Marie Darut, veuve de feu Jacques Gasparot.

d. — 27 janvier 1717, décès d'Elizabeth Daruty, épouse de Jean-Baptiste Velan, âgée de 50 ans, ensevelie dans l'église de la paroisse.

9 janvier 1666, une déclaration concernant une vigne qu'il possède à Vignarès et une terre au quartier du Moulin-Neuf. (*Archives du Vaucluse*, série B, 32, folios 130 et 131.)

Anthoyne Darut, décédé à Valréas, le 2 mai 1719, à l'âge de 90 ans, est inhumé dans l'église paroissiale, privilège dont jouissent jusqu'à la Révolution tous les membres de cette famille, qualifiés nobles dans les registres du temps (8). Il laisse deux fils, désignés tous les deux sous les mêmes prénoms : Joseph-Marie (9).

---

(8) « Se faire enterrer dans les églises était une « des distinctions auxquelles la noblesse attachait « le plus de prix. » (Charles Louandre. *La Noblesse française sous l'ancienne monarchie*. Paris, Charpentier, 1880, in-12, page 100).

(9) IV *bis*. Joseph-Marie du Darut, le cadet, avocat, reçu docteur en droit civil le 2 août 1696, décédé à Valréas, le 1er février 1743, à l'âge d'environ 80 ans, marié le 1er août 1692 à Marguerite Brunel, dont il eut :

V *bis*. Joseph-Esprit de Darut, né le 30 octobre 1701, reçu docteur en droit civil et canon (*utriusque juris*) le 14 juillet 1730, marié le 30 décembre 1730, à Jeanne-Elisabeth de Moralis, dont il

IV. — Joseph-Marie Darut, l'aîné, notaire apostolique à Valréas, du 19 mars 1676 au 13 août 1736, décédé le 6 septembre 1736, à l'âge de 80 ans environ.

Au commencement du XVIIIe siècle, cette branche de la famille adopte le nom de Grandpré (10) qu'elle semble avoir emprunté à l'une de ses terres, située, on le suppose, près de Richerenches (11).

De Joseph-Marie Darut, seigneur de

---

n'eut pas d'enfants, et qui mourut veuve, le 17 mars 1759, à l'âge de 60 ans.

(10) Dans une lettre qu'il écrivait le 16 juillet 1868 au Dr Barjavel, en lui transmettant une copie *d'après l'original* des lettres-royaulx de 1770, précédemment citées, M. Gaud de Roussillac émet l'opinion que les terrains appartenant aux Daruti consistaient autrefois en étangs et furent d'abord des prairies avant de devenir terres arables, d'où, suivant lui, le nom de Grandpré. (*Archives de Carpentras*, dossier Barjavel).

(11) Il existait au commencement du XVIIe siècle, au territoire de Taulignan, une famille Daruty de Giroard, et les registres de Villedieu mentionnent « Messire Philippe Daruty de Névy, curé de cette paroisse », y décédé le 25 novembre 1778

Grandpré, et de Catherine de Prévost de Lumian, son épouse, sont nés quatorze enfants, dont cinq filles. Quatre fils seulement survivent à leur père :

1º Louis, né le 3 mars 1698, qui suit ;

2º Henri, né le 24 juillet 1701, qui embrassa l'état ecclésiastique. (Il figure dans un acte notarié du 21 mars 1736 : « Révérende personne, Messire Henry Darut, prêtre » ;

3º Antoine, né le 19 juin 1708, qui suivra ;

4º Simon, né le 30 octobre 1712, décédé célibataire à Valréas, le 27 août 1778. L'acte de décès porte : Simon Darut de la Palun, capitaine au régiment de Champagne, chevalier de l'Ordre de Saint-Louis. — Les états de service délivrés par le ministère de la Guerre portent : " Lapalun (Simon), né le 15 septembre 1712 à Vauréas (comté d'Avignon). Lieutenant en 2ᵉ au régiment de Champagne (infanterie), le 18 février 1735 ; lieutenant, le 21 février 1736 ; capitaine, le 7 février 1743 ; retiré le 7 février 1756 ; chevalier de Saint-Louis le 3 décembre 1751. " — La Palun est le nom d'une terre qui figure au dénombrement de 1666.

V. — Louis Darut, — et aussi Daruty, — chevalier, seigneur de Grandpré, notaire apostolique, reçu docteur en droit civil le 29 avril 1723, premier consul de la ville de Valréas (12), épouse le 17 octobre 1720, Pierre-Blanche de Bourre, laquelle restée, sa veuve avant 1773, meurt, à Valréas, le 9 avril 1777.

De leur union sont nés huit enfants, dont quatre fils qui jettent un certain lustre sur cette famille. (Voir VI, VII, VIII et IX.)

VI. — François-Joseph-Marie, marquis de Darut, — (aussi Daruti, Daruty

---

(12) D'après un règlement de 1671, le premier consul de Valréas était qualifié de « Messire » et faisait de droit partie de l'Assemblée générale des Etats de la province. — Voir P. Charpenne, *Hist. des Réunions temporaires d'Avignon et du Comtat-Venaissin à la France*. Paris, Calmann Lévy, 1886, 2 vol. in-8º, I, p. 292, 293, 298 et 299.

et du Darut), — baron de Grandpré, chevalier, seigneur de Saint-Urbain, Warnécourt, Mondigny, Evigny, et autres lieux, lieutenant-général (13), com-

---

(13) Voici ses états de services, d'après les documents délivrés par le ministère de la guerre :
BARON DE GRANDPRÉ (François-Joseph-Marie Darut), fils de Louis et de Pierre-Blanche de Bourre, né le 13 février 1726, à Valréas (Vaucluse), marié le 27 avril 1773 à Marguerite-Louise-Edmée Delisle :
Volontaire au corps de l'artillerie en 1740. — Lieutenant en 2ᵉ au régiment de Champagne (Infanterie), le 24 juin 1744. — Enseigne de la Compagnie-colonelle, le 17 octobre 1744. — Lieutenant le 31 octobre 1744. — Capitaine le 1ᵉʳ septembre 1755. — Aide-maréchal-général des logis surnuméraire à l'armée de Soubise, le 1ᵉʳ mai 1758. — Capitaine en 2ᵈ, le 1ᵉʳ juillet 1758. — Aide-maréchal-général des logis à l'armée d'Allemagne, le 1ᵉʳ mai 1759. — Lieutenant-colonel commandant le corps de chasseurs attaché au régiment de Turpin (Hussards), le 1ᵉʳ février 1760. — Passé aux chasseurs du régiment de Bercheny (Hussards), le 15 février 1760. — Lieutenant-colonel réformé à la suite du régiment de la Couronne (Infanterie), le 13 avril 1760. — Aide-maréchal-général des logis de l'armée du Bas-Rhin, le 1ᵉʳ mai 1761. — Rang de colonel, le 13 septembre 1761. — Aide-maréchal général des logis de l'armée d'Allemagne, le 1ᵉʳ mai 1762. — Brigadier d'infanterie, le 25 juillet 1762. — Chargé

mandeur de l'Ordre de Saint-Louis, ministre plénipotentiaire en Espagne (*Archives des Affaires étrangères*. Espagne, 1775, n° 575. Pièce du 31 mars), député aux assemblées particulières de la noblesse (14) des bailliages de Reims

---

de reconnaître la frontière qui touche à l'Allemagne, du Rhin à la Meuse, le 26 juillet 1764 ; chargé de relever la carte topographique du pays des Aldudes sur la frontière d'Espagne, le 11 août 1768. — Commissaire du roi pour la démarcation des limites sur la frontière des Pyrénées, le 1ᵉʳ mai 1769. — Maréchal de camp, le 3 janvier 1770. — Chargé de reconnaître le pays de Dunkerque à Huningue, le 17 mai 1771. — Maréchal-général des logis en Flandre, de Huningue à Dunkerque, le 7 avril 1773. — Ministre plénipotentiaire en Espagne pour la démarcation à établir entre la Haute et la Basse-Navarre, le 31 mars 1775. — A cessé d'être employé en Flandre le 27 juin 1776. — Lieutenant-général, le 1ᵉʳ janvier 1784. — Maréchal-général des logis du camp de Saint-Omer, le 7 août 1788. — Commandant la 3ᵉ division militaire le 1ᵉʳ avril 1791. — A cessé d'être employé pour raison de santé, le 14 janvier 1792.

Décorations : Chevalier de Saint-Louis, le 20 septembre 1758. — Commandeur, le 25 août 1787.

Campagnes : 1744, 1745, 1746, 1747 et 1748, Flandre ; 1757, 1758, 1759, 1760, 1761 et 1762, Allemagne.

(14) Les procès-verbaux de ces assemblées, dans

(2 avril 1789), et de Vitry-le-François (16 mars 1789), mort à Charleville (alors Libreville, Ardennes), le 5 pluviose, an II (24 janvier 1794), avait épousé, à Versailles, le 27 avril 1773, Marguerite-Louise-Edmée de l'Isle de Sannois, à laquelle le Roi avait accordé un douaire de 3,000 livres, par brevet du 2 mars 1773, et qui décéda à Warnécourt le 31 mars 1808, sans postérité (15).

---

lesquelles il joua, comme commissaire, un rôle marqué, ainsi que la plupart des actes de cette époque, le désignent sous les noms et titres suivants : « Messire François-Joseph-Marie, marquis « de Darut, baron de Grandpré, chevalier, sei- « gneur de Saint-Urbain, de Warnécourt, Mon- « digny, Evigny et autres lieux. » D'autres actes portent *du* Darut, tandis que dans les lettres-royaulx précitées, et dans les rôles des seigneurs feudataires et ceux des tailles, on écrit tantôt Daruti et tantôt Daruty, forme sous laquelle le nom s'est transmis aux représentants actuels de la famille.

(15) Le baron de Grandpré a publié : *Mémoires sur les moyens qu'il serait facile d'employer pour parvenir sûrement, promptement, sans bouleversement et sans commotion, à toute la perfection dont le militaire de France est susceptible; et pour établir la stabilité si désirée dans sa constitution*

VII. — Louis Darut, chevalier, seigneur de Grandpré, dit le Chevalier de

et dans les ordonnances qui le concernent, 1787. 2 vol. in-8º, sans lieu et sans nom d'auteur.

Autre édition : Même titre, *2e Edition, augmentée du récit de la Campagne de Louis-Joseph de Bourbon, prince de Condé, commandant de l'armée du Bas-Rhin en 1762*, par M. le baron de Grandpré, lieutenant-général des armées du Roi et commandeur de l'Ordre de Saint-Louis. A Paris, chez les marchands de nouveautés, 1789. 3 vol. in-8º.

Le ministère de la guerre possède, en outre, dans ses *Archives Historiques* et dans celles du Comité du Génie, les travaux suivants du baron de Grandpré : 1º, *Description* des terrains dont pourrait se former une première ligne de défense entre la Meuse et la Moselle, 1766. — 2º, *Notes* sur les lignes que l'on pourrait former en arrière de la première entre la Meuse et la Moselle, 1766. — 3º, *Mémoire* sur les règlements des limites entre le Rhin et la mer, 1772. — 4º, *Mémoire* sur la défense de la Meuse depuis Verdun jusqu'à Givet, 1773. — 5º, *Observations* sur une critique d'un Mémoire de M. le marquis de Monteynard, du 26 mars 1772, concernant les limites du Royaume entre l'Océan et le Rhin, 26 janvier 1775, envoyées le 1er février 1775 à M. le comte de Muy, ministre de la guerre. — 6º, *Mémoire* sur le règlement de la frontière entre la mer et le Rhin, 5 mars 1775. — 7º, *Mémoire* sur la frontière de Navarre et sur l'affaire des Aldudes, avec une carte à 1/14400, 16 mars 1776,

Grandpré (16), frère cadet du précédent, maréchal de camp, puis général de division (17), chevalier de l'Ordre de

---

(16) « Illustrissime seigneur, Messire Louis de Darut, chevalier, seigneur de Grandpré, etc. » (Acte notarié du 11 décembre 1779).

(17) Etats de services délivrés par le ministère de la guerre :

DE GRANDPRÉ (Louis Darut), fils de Louis et de Pierre-Blanche de Bourre, né le 11 septembre 1732, à Valréas (Vaucluse).

Enseigne au régiment de Champagne (Infanterie), le 1er février 1755. — Lieutenant, le 1er septembre 1755. — Capitaine, le 20 mars 1759. — Réformé, le 14 avril 1763. — Capitaine au régiment des recrues de la ville de Paris, le 28 mars 1764. — Réformé, le 30 avril 1767. — Capitaine au régiment de Champagne (Infanterie), le 26 décembre 1768. — A abandonné le 10 septembre 1769. — Breveté major, le 9 novembre 1772. — Aide-major-général des logis au corps de l'Etat-major de l'armée, le 1er juillet 1788. — Rang de lieutenant-colonel, le 11 octobre 1788 — Adjudant-général-colonel employé dans la 9e division militaire, le 1er avril 1791. — Maréchal de camp, employé à l'armée des Alpes, le 27 mai 1792. — (A reçu le commandement de la 9e division militaire). — Chargé par les Représentants du Peuple de commander les troupes employées à protéger la navigation du canal entre-deux-mers, au mois d'octobre 1792. — Employé à l'armée des Pyrénées-Orientales, le 1er janvier

Saint-Louis, député des seigneurs feudataires du Saint-Siège à l'Assemblée Représentative du Comtat-Venaissin, puis général en chef de l'armée du Comtat, mort, à Valréas, le 20 fructidor an VII (6 septembre 1799). Marié à Marie-Esprite de Prévost, il avait eu deux fils décédés en bas-âge, inscrits comme suit à leur baptême et à leur décès :

1º Siméon-Jean-Louis de Darut de Grandpré, né à Valréas, le 9 septembre 1769, décédé le 6 juillet 1771 ;

2º François-Joseph-Marie de Darut de Grandpré, né à Valréas, le 31 mars 1773, décédé le 14 décembre 1773.

1793. — Général de division, le 15 mai 1793. — Commandant les côtes maritimes de Leucate à Aigues-Mortes, le 23 mai 1793. — Autorisé à prendre sa retraite, le 23 décembre 1794. — A cessé ses fonctions, le 9 janvier 1795. — A obtenu une pension de retraite, le 24 avril 1795.

Campagnes : 1757, 1758, 1759, 1760, 1761 et 1762, Allemagne ; 1769, Corse ; 1793 et 1794, Côtes maritimes.

Décoration : Chevalier de Saint-Louis, le 7 mai 1777.

VIII. — Frédéric-Vincent-François Darut de Grandpré, dit *l'abbé de Grandpré*, prêtre, frère des précédents, grand-vicaire de l'Evêque de Vaison (Mgr de St-Férréol), Président de l'Assemblée Représentative du Comtat-Venaissin en 1790, puis, sous le premier Empire, président du Conseil d'arrondissement d'Orange, président du canton de Valréas, membre de l'Athénée de Vaucluse, décédé sur ses terres, à Valréas, le 11 décembre 1809, à l'âge de 71 ans.

IX. — Victor-Pierre Darut de Grandpré de Saint-Urbain, prêtre, frère des précédents, licencié en droit, chanoine de l'église-cathédrale de Vaison, pro-official à Valréas, puis grand-vicaire de Mgr illustrissime et révérendissime évêque de Vaison, ainsi qu'il est qualifié dans des actes en date des 11 décembre 1779 et 20 octobre 1787 ; — dit *l'abbé de Saint-Urbain*. Né à Valréas, le 14 août 1742.

Avec ces quatre derniers, décédés sans postérité, s'éteint, au commencement de ce siècle, la branche aînée de la famille.

BRANCHE COLONIALE

X. — *Antoine* DARUT, ou DARUTY, troisième du nom, décédé le 29 septembre 1756, à Montélimar, eut de sa femme Magdeleine Monastier :

XI. — *Antoine-Joseph* DARUTY, né le 28 février 1738, à Montélimar, qui passe, en 1769, à l'Ile-de-France, où nous le retrouvons capitaine des grenadiers en 1782, et proposé le 21 janvier 1792 pour la croix de Saint-Louis (18). — Il y mourut le 28 brumaire an X (19 novembre 1801). De son mariage, célébré au Port-Louis, de l'Ile-de-France, le 26 mai 1772, avec Geneviève Morel du Boil, naquit le 24 mai 1783 :

XII. — *Jean-Rose* DARUTY, marié le 5 juin 1813, à Héloïse Sauzier, restée sa veuve, le 2 mai 1828, et dont il avait eu :

---

(18) *Campagnes* : 1756, siège de Mahon, par le maréchal de Richelieu. — 1757-1759, à l'armée d'Allemagne.

XIII. — *Jean-Joseph* DARUTY, né à l'île Maurice (ancienne île de France), le 31 décembre 1815, décédé à Paris le 6 avril 1864. De son mariage, au Port-Louis, le 4 juin 1836, avec Marie-Henriette Barbier, née à Bordeaux, le 10 oct. 1817, décédée à l'île Maurice, le 6 sept. 1880, sont issus quatre fils, qui suivent, dont trois restent les seuls rejetons aujourd'hui survivants, en ligne masculine et légitime, d'*Antoine-Joseph*, précité, auteur de la branche coloniale, — lesquels ont relevé les titres et noms de la famille en vertu d'une décision du Gouverneur de l'île Maurice, en Conseil Exécutif, du 1er juin 1886, rendue publique par la Proclamation n° 17 de Son Excellence Sir John Pope Hennessy, gouverneur, en date du 17 du même mois, insérée dans *The Mauritius Government Gazette, published by authority*, n° 49, du 19 juin 1886, pages 442 et 443, et n° 51, du 26 juin 1886, pages 456 et 457 (pour la traduction en français du texte anglais), enregistrée au Consulat de France à Port-Louis, le

5 mai 1887, quittance n° 39, et au Ministère des Affaires étrangères, à Paris, le 8 août 1887, pour les légalisations nécessaires.

REPRÉSENTANTS ACTUELS

XIV. — *Jean-Emile*, marquis Daruty, baron de Grandpré, né à l'île Maurice le 27 janvier 1839, veuf, sans enfants, demeurant à Paris, chef actuel du nom et des armes.

Frères

1° Jean-Antoine-*Léon* Daruty de Grandpré, propriétaire à l'île Maurice, où il est né le 24 octobre 1846; marié, le 19 février 1879, à Aricie Jauffret, fille de feu Théodore Jauffret, ancien garde du corps du roi Charles X, et de Aricie Noël, son épouse. Ses enfants sont :

1. Jeanne-Marie-*Lucie*, née le 31 décembre 1879;

2. Jeanne-Marie-*Henriette*, née le 5 juillet 1881;

3. Jeanne-Marie-*Marguerite*, née le 21 janvier 1883;

4. Jean-Joseph-*Léon*, né le 17 mars 1884;

5. Jean-*Noël*, né le 13 mai 1886;

6. Jeanne-Marie-*Valentine*, née le 21 janvier 1888;

7. Jean-*Gustave*, né le 16 septembre 1889.

2º Jean-Aristide-*Clément* DARUTY DE GRANDPRÉ, docteur en médecine et propriétaire à l'île Maurice, où il est né le 2 juillet 1848; marié le 9 janvier 1882 à Louise-Marie-Emilie Wiehe, fille de feu l'Honorable Christian W. Wiehe, ancien membre du Conseil du Gouvernement de l'île Maurice, et de Emilie Bourgault du Coudray, son épouse; décédé à l'île Maurice le 23 novembre 1891. De ce mariage sont nées :

1. Jeanne-Marie-*Christina*, le 10 février 1883 ;

2. Jeanne-Marie-*Emilie*, le 4 juillet 1885.

✸ 3° Jean-Marie-Rose-*Albert* Daruty de Grandpré, propriétaire à l'île Maurice, où il est né le 5 février 1853 ; marié, le 30 avril 1879, à Marie-Josèphe-Henriette Chauvin, décédée le 28 août 1884, fille de Henri Chauvin, propriétaire, et de Clémence Langlois, son épouse. De ce mariage :

1. Jeanne-Marie-Marguerite-*Geneviève*, née le 5 août 1881 ;

2. Jeanne-Marie-*Clémence*, née le 8 août 1882 ;

3. Jeanne-Marie-Louise-*Henriette*, née le 13 août 1884.

Sœurs

1° Jeanne-Marie-*Emilie*, mariée, le 24 octobre 1857, à Marie-Augustin Despeissis, dont elle a : 1. *Henri*, né le 24 mai 1859 ; 2. *Adrien*, né le 28 décembre 1860 ; 3. *Anthony*, né le 16 avril 1862 ; 4. *Isabelle*, née le 8 juillet 1866, décédée à Melbourne, le 31 mai 1888 ; 5. *Miriam*, née le 7 avril 1880 :

2° Jeanne-Marie-Marguerite-Elisabeth-*Isabelle*, mariée à Paris, le 29 mai 1865, à Gaspard-*Emile*-Pierre-Balthazar Pouget, général de brigade, commandeur de la Légion d'honneur, décédé à Montpellier, le 29 septembre 1876, dont elle a : 1. *Gustave*, né à Paris le 15 avril 1866 ; 2. *Jeanne*, née à Poitiers, le 16 avril 1868 ;

3° Jeanne-Marie-*Clémentine*, célibataire ;

4° Jeanne-Marie-*Henriette*, mariée, le 27 décembre 1880, à Pierre-Selmours

Chauvin, docteur en médecine, dont elle a : 1. *Madeleine*, née le 13 octobre 1881 ; 2. *Henri*, né le 13 mars 1883.

SERVICES ET ILLUSTRATIONS

Un premier consul à Valréas (charge noble); plusieurs docteurs en droit civil et canon, notaires apostoliques, grands-vicaires, chanoines, prêtres, médecins, poètes, hommes de lettres ; un lieutenant-général, ministre plénipotentiaire ; un général de division, général en chef de l'armée du Comtat-Venaissin en 1790; plusieurs capitaines; un commandeur et deux chevaliers de Saint-Louis ; plusieurs syndics ou élus et députés de la noblesse et du clergé aux Assemblées de l'ordre de la noblesse des bailliages de Vitry-le-François et de Reims (1789) et à l'Assemblée Représentative du Comté-Venaissin, en 1790.

ALLIANCES

De Merle; de Prévost de Lumian; de Bourre; d'Arnaud; de Fiance; de l'Isle de Sannois; de Moralis; Morel du Boil; Sauzier; Barbier; Fenouillot de Falbaire; Dubosc; Pouget; Jauffret; Wiehe; Chauvin, etc., etc.

AUTEURS A CONSULTER

Archives des Bouches-du-Rhône, du Vaucluse, des Ministères de la Guerre et des Affaires étrangères. Archives Nationales (B. III, 129 et 157); Bibliothèque de Carpentras (collection Tissot, n°s VII, 28 et VIII); Cahiers des Plaintes, etc. etc., de l'ordre de la Noblesse des bailliages de Reims et de Vitry-le-François; Mémoires de l'Athénée de Vaucluse; Mémoires de l'Académie des Sciences et Belles-Lettres de Montpellier; Liste générale des Émigrés; Annuaire du département de Vaucluse pour l'an IX ; Almanach de l'arrondissement d'Orange pour 1810; La Roque et Barthélemy, *Catalogues des Gentilshommes*, etc., *de Champagne, et du Comtat-Venaissin*; Borel d'Hauterive, *Annuaires de la Noblesse*, 1860 et 1861; *Annales et Nouvelles Annales patriotiques du Comtat-Venaissin*, 1790; Barjavel, *Dictionnaire Historique et Biographique etc., du Vaucluse* ; Aubenas, *Notice sur Valréas*, Paris, 1838, in-18; Bouilliot, *Biographies Ardennaises* ; Hubert-Colin, *Annuaire des Ardennes*, 1886; Courtet, *Dictionnaire des communes du Vaucluse*; Soullier, *Histoire de la Révolution d'Avignon*; de Roussel, *Essais historiques sur les régiments*, etc. (Champagne), Paris, 1766, in-12 ; Quérard, *La France littéraire* ; — *Dictionnaires biographiques divers* : Didot-Hœfer, Michaud, Larousse, Rabbe, etc. etc., etc.

ARMES

D'azur, au rocher d'argent de six coupeaux mouvant de la pointe et surmonté d'un croissant de même; au chef cousu de gueules, chargé de trois étoiles d'or, en fasce.

Supports : *deux lions affrontés, les têtes contournées.*

Couronne de marquis.

Bergerac. — Imp. Générale, 3, rue Saint-Esprit

www.ingramcontent.com/pod-product-compliance
Lightning Source LLC
Chambersburg PA
CBHW060501050426
42451CB00009B/759

La querelle des deux princes, qui a eu du retentissement dans tout le Languedoc, mériterait une révision historique, non-seulement dans son objet principal, mais aussi dans ses ramifications et ses contre-coups, qui sont propres à chacune des parties de la contrée. Nous ne saurions, pour notre part, envisager les faits dans cet ensemble, n'ayant pas les moyens de refaire complétement ce chapitre des annales de la province. Ce que nous allons examiner ici en particulier, c'est l'histoire de cette compétition dans ses rapports avec le territoire du département du Tarn, une des régions languedociennes qui participèrent le plus aux événements du grand conflit et dont le rôle cependant est presque toujours resté dans l'ombre. Pour les divers événements dont ce pays fut le théâtre, il est facile en effet de reconnaître que le texte de D. Vaissète manque presque entièrement de détails précis, et l'on verra qu'il demande non-seulement des additions nombreuses, mais même des rectifications sur des questions essentielles. Notre étude spéciale ne nous empêchera pas d'ailleurs de toucher à beaucoup de faits généraux qui se ratta-chent à notre sujet ; nous en profiterons, au contraire, pour ajouter sous ce rapport plusieurs indications qui méritent d'être mises au jour et qui néanmoins font défaut dans l'*Histoire de Languedoc*.

Nous avions trouvé, il y a quelques années, une chronique, paraissant assez peu connue dans le pays, qui venait contredire D. Vaissète et combler quelques lacunes importantes (1) ; mal-heureusement, les matériaux nous manquèrent tout d'abord pour en vérifier la valeur, et il ne nous fut pas possible d'utiliser cette source avec une entière confiance. Depuis lors d'autres docu-ments ont été publiés sur la question et sont venus permettre de faire faire quelques pas à la critique de ce texte ; mais c'est surtout depuis que nous connaissons l'*Inventaire sommaire des Archives d'Albi*, par M. Jolibois, que nous avons eu l'espérance de venir à bout de ce travail. Grâce à la communication des Délibérations et des Comptes communaux, correspondant à la

(1) Bibliothèque nationale. Manuscrits de Doat, vol. 164 : Chronique romane des comtes de Foix, rédigée par Miquel del Verms, notaire et procureur du comte Gaston IV, et placée par lui en tête de l'Inventaire du trésor des archives comtales, commencé le 7 décembre 1445. Ce document que nous croyions inédit à l'époque où nous le découvrîmes, en 1866 ou 67, avait été cependant publié par M. Buchon, en 1841, dans son *Choix de chroniques et de mémoires sur l'histoire de France* (collection du Panthéon littéraire); mais quoique cet érudit ait connu le manuscrit original des Archives des Basses-Pyrénées le texte de sa chronique offre de telles incorrections qu'il nous est indispensable, pour le rectifier, de recourir encore à la copie de Doat. Nos extraits pris dans ce dernier manus-crit portaient pour le nom du chroniqueur, Miquel del *Vernis* ; et c'est cette orthographe que nous trouvons dans l'*Histoire de Langue-doc*, édition Du Mége, tome VIII, p. 109, et dans l'*Histoire du comté de Foix*, par M. Cas-tillon, tome II, p. 135. Mais nous n'osons pas croire que M. Buchon ait fait erreur sur ce point et nous adoptons la leçon qu'il a donnée M. Del *Verms*.

même période (2), il nous a été possible de suivre pas à pas la marche des événements et, après avoir vérifié et complété notre chronique par des documents datés et authentiques; après avoir appuyé ces recherches au moyen des résultats déjà consignés dans diverses publications récentes, nous croyons être à même aujourd'hui de faire connaître une assez longue série de faits nouveaux et justifiés aux personnes qui suivent le mouvement des études sur l'histoire de nos régions.

On n'ignore pas les traits généraux de cette grande querelle du duc de Berry avec le comte de Foix, et il est inutile de répéter ici le résumé de ce que l'on peut trouver si facilement dans D. Vaissète. Qu'il nous suffise de remarquer pour le moment que, durant toute la durée du conflit, on distingue dans l'histoire de la province deux genres d'événements qui, tout en se reliant les uns aux autres, peuvent être considérés et étudiés isolément. Ce sont d'un côté les négociations ou autres actes d'un caractère diplomatique, ayant un rapport direct avec les différends des deux princes, et de l'autre les hostilités et les ravages commis par leurs partisans et aussi par les compagnies anglaises qui pactisèrent souvent avec eux. Nous ne pouvions faire marcher de front ces différents événements sans nous exposer à beaucoup de confusion dans le récit, et nous ne pouvions non plus les séparer entièrement, sous peine de perdre de vue leurs relations de date, et de rompre les liens naturels qu'ils peuvent offrir entre eux comme conséquence les uns des autres. Afin de prendre un moyen terme, nous avons dû morceler ces deux séries et jeter tour à tour nos regards sur chacune d'elles. C'est en nous attachant à cette méthode que nous avons décomposé notre travail en divers paragraphes, classés dans l'ordre et sous les titres suivants : — § 1. *Gouvernement du Languedoc, en 1380. Premiers temps de la compétition des deux princes.* — § 2. *Etat de l'Albigeois au commencement de la querelle : Progrès ou ravages des compagnies et des Anglais (de septembre 1380 jusqu'à la fin de février 1381); Possessions et influences locales des deux prétendants et de leurs partis.* — § 3. *Phases de la querelle du Duc et du Comte et de leurs négociations, de janv. 1381 à la fin de juill. suivant.* — § 4. *Désordres commis par les gens de Guerre et les routiers. Combat de Rabastens; son caractère.* — § 5. *Suite des négociations à partir de septembre 1381 et traité de paix entre les deux prétendants vers la fin de l'année.* — § 6. *Nouvelles menaces ou exigences des Anglais et des garnisons établies dans le pays. Prolongation des hostilités entre les Foixiens ou Fuxéens et les Armagnacs, en 1382.*

(2) Nous devons cette communication à l'auteur de l'*Inventaire des Archives*, que nous venons de nommer et qui est en même temps le conservateur de ce dépôt. C'est un service entre bien d'autres que M. Jolibois a bien voulu rendre à nos études et nous manquerions à notre devoir si nous n'en exprimions ici au laborieux et savant archiviste notre plus vive gratitude.

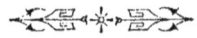

L'ALBIGEOIS

DURANT LA

QUERELLE DE GASTON DE FOIX ET DU DUC DE BERRY

§ 1.

GOUVERNEMENT DU LANGUEDOC, EN 1380. PREMIERS TEMPS DE LA COMPÉTITION DES DEUX PRINCES.

Après la mort de Du Guesclin, survenue au siége de Randon, en juillet 1380, le gouvernement de Languedoc, d'après D. Vaissète, fut donné par le roi au comte de Foix Gaston-Phœbus. La mention de cette nomination qui a été contestée par La Faille, se retrouve peut-être dans une chronique des comtes de Foix que nous avons déjà signalée en note et sur laquelle nous reviendrons fréquemment dans le cours de notre étude (3); mais elle n'apparaît pas dans les chartes et autres documents administratifs de cette époque. Les comptes municipaux et les délibérations du conseil d'Albi citent seulement avec D. Vaissète, et dès le mois de juin, des *gouverneurs* du pays, chargés sans doute plus particulièrement de prendre part à la haute administration en l'absence du lieutenant du roi ou conjointement avec lui. Ces gouverneurs sont mentionnés au mois d'août, où l'un d'eux vint faire à Albi la solde de certaines troupes royales, et on les voit encore, en janvier 1381, convoquant les communes à Carcassonne pour le vote des impôts (4).

---

(3) Chron. de M. del Verms. Voici la traduction du passage auquel nous faisons allusion : « Comment le comte Fœbus fut gouverneur des trois sénéchaussées et de sa querelle avec le duc de Berry. — L'an ci-dessus (c.-à-d. 1378, d'après le chroniqueur; mais il se trompe, car la mort de Charles V, citée dans la même phrase, arriva le 18 septembre 1380), Fœbus étant comte de Foix, le roi de France Charles mourut. Ledit comte fut alors gouverneur des 3 sénéchaussées de Toulouse, Carcassonne et Beaucaire, et pour lui donner ce gouvernement, un cardinal vint le trouver en Béarn ». — Nous renvoyons le texte de cette chronique, rétabli d'après le manuscrit de Doat, à la fin du présent mémoire.

(4) Les *Comptes de la ville d'Albi*, CC. 155, fol. 4, portent qu'il fut payé 6¹ 15ˢ à Vaissière, qui alla à Béziers, au conseil convoqué par les *governadors, sobre lo fag de las empositios e dels subsidis dels* III *franxs per fuoc, et partic desta vila dimars a* XXVI *de jun, e venc lo mecres a* III *de julh, estec* IX *jorns; prendia cascun jorn* XV s. (Conférez D. Vaiss. Edit. du Mège, tome VII, p. 301).—Au fol. 75, on voit que vers le 12 août les gouverneurs de Languedoc mandèrent les communes à Carcassonne pour anticiper l'impôt du franc par feu qui devait se payer en janvier. — Délibération du 15 août (Reg. BB 16) : *Sobre aisso que dissero los digs cossols que en esta vila veniau e deviau venir mossen Johan de Montagut governador en la Lengadoc per lo rey nostre senhor, el senescal de Querssi, el senhor de Turssi, e motz d'autres grands senhor, e ganre de capitanis am gran nombre de gens d'armes per far e penre lo pagamen e la mostra de las gens d'armas que so per lo rey nostre ss.*, il est délibéré de faire des démarches pour ne pas laisser entrer les troupes dans la ville. — Les comptes municipaux montrent (fol. 37) que Jean de Montagut était à Albi le 16 août, Turci le 19, et que Henri de Ilas était *manescalc* ou connétable de ces soldats, qui étaient venus recevoir leur solde à Albi et qui appartenaient, paraît-il, à l'armée de Duguesclin ; le 27 août, il est question d'une lettre écrite à *moss. Enric de las Ilas* conestable de las gensdarmas *que presen ero alotjadas als barris* et dans ladite ville (fol. 38), Conférez *Inventaire* des Arch. d'Albi. CC 155. — Le 20 octobre suivant, durant le siége de Thuriès sur les Anglais, Albi envoya des députés aux *governadors del cossell del rey a Carcassona* pour leur dire que moss. de Turci menaçait de lever le siége, s'il ne recevait des gages de la part du pays placé au sud du Tarn. Comptes CC 155, après fol. 83 et Invent. somm. même cote. — Enfin, nous trouvons à la date du 15 janvier 1381, qu'une somme fut payée à

Cependant la couronne étant passée à Charles VI, sous la tutelle du prince régent, le duc de Berry en avait profité pour se faire concéder la lieutenance du Languedoc, par lettres données à Paris le 19 novembre. La nouvelle de cette nomination n'arriva-t-elle qu'assez tard dans le pays? ou bien avait-on fait des démarches pour faire révoquer la décision du roi, et avait-on déjà l'espoir de réussir? Tout ce que nous pouvons répondre c'est que, le 17 décembre, les consuls d'Albi envoyèrent à Toulouse, pour savoir si, comme on le disait, Mr de Foix serait lieutenant du roi ou *régidor* du pays, et afin d'aller en ce cas le saluer de bonne heure et d'attirer ainsi ses bonnes grâces sur la ville (5). Il ne semble pas que l'on fut bien mieux instruit un mois après, car, quoique l'on parût résolu à obéir à celui des deux compétiteurs que le roi aurait choisi pour lieutenant, la nomination du duc de Berry n'était pas notoire ou incontestée, et l'on était par le fait encore indécis sur le parti qu'on aurait à prendre (6). Mais bientôt les événements se précipitent, se compliquent, et il va falloir, au milieu de ces difficultés se prononcer entre l'un ou l'autre des deux princes qui se disputeront le gouvernement du Languedoc. Pour mieux aider à suivre et à s'expliquer la marche de ces décisions et des faits ultérieurs, il nous paraît indispensable de savoir auparavant quels étaient l'état et les besoins du pays, et de connaître de quelle part d'influence disposaient les deux partis rivaux, afin de comprendre dans quelles dispositions la combinaison de ces circonstances devait jeter naturellement les esprits. Ce sont là des points que nous devons exposer avec quelque détail, et qui vont faire l'objet du second paragraphe de notre étude.

§ 2.

ÉTAT DE L'ALBIGEOIS AU COMMENCEMENT DE LA QUERELLE : PROGRÈS OU RAVAGES DES COMPAGNIES ET DES ANGLAIS (DE SEPT. 1380 JUSQU'À LA FIN DE FÉVR. 1381); POSSESSIONS ET INFLUENCES LOCALES DES DEUX PRÉTENDANTS ET DE LEURS PARTIS.

Nous savons d'abord, par les témoignages unanimes des historiens et des documents, qu'une nécessité impérieuse pour le pays était l'expulsion ou la répression des Anglais et des routiers, qui ne cessaient de le ravager, et l'adoucissement des subsides immodérés (7). Les populations

---

un consul d'Albi qui alla à Carcassonne *al cosselh mandat per los senhors governadors de Lengadoc*, qui demandaient que les impositions fussent levées, malgré la rémission que le roi en avait faite, ou que l'on votât d'autres impôts pour payer les gens d'armes. Comptes CC 155, f. 76.

Nous sommes les premiers à reconnaître que les citations de textes, rapportés dans cette note aussi bien que dans la plupart de celles qui vont suivre, peuvent paraître avec quelque raison entachées de prolixité; si nous avons conservé néanmoins cette surabondance d'extraits, c'est parce que nous sommes persuadé, d'un autre côté, qu'ils pourront être utiles pour l'histoire de notre ancienne langue.

(5.) Inv. Somm. CC. 155. — On voit dans le texte original (folio 42.) que le 17 décembre les consuls payèrent un exprès qu'ils envoyèrent à *Tolosa per espiar e saber se lo comte de Foiss fora loctenen del rey o regidor del pays, en aissi coma on dizia, afi que de bona hora hom lhi anes far la recevrencia perque agues miels la vila recomandada e que nos tengues nostra reparacio, et per*. etc. — Il ne serait pas peut-être besoin de dire, pour l'intelligence de nos citations, que lorsque l'on y trouve adoptées des formes personnelles, ce sont le trésorier ou les consuls qui parlent au nom de l'université des habitants.

(6). Comptes, f. 76 : *Item paguiey a xv de jenier a Mᵉ G. Prunet que anet a Tholosa per espiar e saber siecretamen se moss. de Berri era loctenen de rey, per tal que saubessem miels cossi nos deuriam regir per tal que no fezessem partida per negun autre senhor, e per saber se,* etc.: *estec vi jorns a caval per lo ore temps que fazia e despendec en todig viatge I. sous.*

(7). Malgré l'épuisement de la contrée, les députés que le Languedoc envoya au roi, en 1380, offrirent d'imposer 3 francs par feu, destinés à payer des troupes pour combattre les routiers. (D. Vaiss. vii. p. 301). Une délibération de juin de cette année, qui mentionne,

avaient aussi à se plaindre des vexations des troupes françaises, car l'on recueille plusieurs preuves de la crainte qu'inspirait dans les villes l'entrée de ces gens d'armes, qui se livraient souvent aux abus de force et qui trouvaient facilement des prétextes pour exercer leurs représailles contre les habitants (8). Mais leurs désordres étaient beaucoup moins terribles que ceux des compagnies de routiers.

Un des chefs de ceux-ci, Benazet ou Benoît Chapparel qui, avec les bâtards de Landorre et de Savoie, avait déjà ravagé une partie de la sénéchaussée de Carcassonne (9), se trouvait en septembre dans l'Albigeois, où il s'empara alors du lieu de Lacaze, au diocèse de Castres (9 bis).

Au mois suivant, le château de Thurie ou Thuriès, près Pampelonne, tombe au pouvoir des

comme une autre, peut-être, du 2 juin 1381, cette députation des communes à laquelle au reste la ville d'Albi ne prit pas de part, montre que sous la première de ces dates les consuls venaient de recevoir la mande de cet impôt : *Item (les consuls) dissero may que els avian aguda la manda de pagar lo prumier franc per fuoc dels iii franxs darrieiramen empauzatz*, et sur cela on délibère qu'il ne sera fait aucun impôt, à moins qu'il ne soit levé en même temps dans tous les lieux de l'évéché (BB. 16.) — Il est encore question du même subside au mois de juin, comme nous avons déjà vu (note 4), ainsi qu'au mois d'août suivant : le 12, Me G. Bestor partit d'Albi pour aller à Carcassonne *a la jornada mandada per los senhors governados de Lengad'oc que avian mandatz los comus, quar volian anticipar lo franc per fuoc que se devia pagar en jenier;* et le 30, un autre député revint à Carcassonne au conseil des communes convoquées par lesd. gouverneurs *sobre la proresio que demanda de pagar encontenen losegon el ters francs per fuoc.* (Comptes, fol. 75.) — Ajoutons qu'au 15 janvier 1381, les comptes communaux portent encore qu'un des consuls se rendit alors à Carcassonne au conseil convoqué par les gouverneurs du Languedoc *que demandavo que las emposicios el subcidi se leves non obstant que lo Rey ho agues remes, o que hom fezes autres endictios de que se paguesso las gensdarmas que ero el pays.* (Fol. 76.)

(8). Ainsi le 15 août 1380, à l'occasion de la venue d'un des gouverneurs de Languedoc pour payer les gens d'armes de l'armée du roi (voir ci-dessus note 4), les consuls d'Albi demandent avis aux conseillers afin d'éviter les inconvénients de l'entrée de ces troupes dans la ville : *Et era perilh que las gens d'armas se volguesso alotgar dins la presen ciutat, laqual causa se se fazia, poiria tornar e mot gran dampnatge, e que seria perilh que hom no los ne gites quant hom se colria. E sus els avian apelat los sobredigs singulars* (c. à d. les membres du conseil qui étaient présents et qui sont nommés en tête du procès-verbal de la délibération) *per aver cosselh cossi s'en regiria hom. E sus aquo, dichas motas paraulas, per los sobre nompnatz cossols e singulars, apuntharo e demorero acordans e donero cosselh que hom dones e servis los grans senhors que sa venriau, aquels que als senhors cossols seria bist fazedor, de bis e de viradas e d'autras cauzas,* aissi quant als digs senhors cossols semblara de far, a fi que las gensdarmas no se alotgesso dins la vila e que no donesso lo dampnatge que donar poiriau (BB. 16). Ces présents furent faits en effet les jours suivants, ainsi qu'en témoignent les originaux (f. 37.) et l'*Inv. Somm.* du reg. des comptes CC. 155 : le gouverneur Montaigut reçut le 16 août du vin, de l'avoine et des torches; le 19 l'on acheta pour le sire de Turci, *que era en esta bila am ganre de gens darmas,* une pipe de vin *que tenia iii sest. de bi et dont on fit présent à ce seigneur, afin que lesdites troupes ne fissent mal ni déplaisir à la ville; le 21, une autre pipe de vin fut donnée à moss. Enric de Ilas, manescalc delas gens d'armas venues à Albi per far la mostra el pagamen.* — Comptes. f. 39. *It paguiey a ii d'octombre a G. Mayrac que anec a Rabastenx am una letra de moss. d'Albi que portec a Partenay quar lodig Partenay nos avia mandat que el volia cavalgar en esta vila per prene merca de alcus dampnatges que dizia que avia preses en la juridictio desta vila, e sus aquo moss. d'Albi lhy escrivis que el non avia ges pres las digs dampnatges en aquesta juridictio, perque no bolgues donar negus dampnatge ses cauza, ac ne, entro anar et tornar,* VI s. III d. *It paguiey a ii d'octombre, a G. Mayrac ... am una letra de moss. d'Albi que portec a Partenay* ... Le 1er février 1381, lors du passage des troupes que le sénéchal de Toulouse ramenait du siège de Thuriès, *fo ordonat per lo cosselh que laissesso l'armas a la porta e ac hi i escudier que laisse una espaza a la porta del pon, que dizia que era de Bordeu laqual estimava a x franxs, laqual espaza nos trobet ges, el dig escudier amenassava de lear merca, e fo ordenat per lo cosselh de mossenhor am los senhors cossols que hom se acordes am luy, laqual acordi fo fag a quatre franxs losquals lhi foro pagatz.* Compt, f. 44.

(9). D. Vaiss. VII. p. 296. 301. 306.

(9 bis) Compt. f. 39. *It paguiey a xviii de setembr. ad i masip de Rialmon que portec una letra dels cossols del dig loc en que nos mandavo que lo loc de La Caza, prep de Castras, era pres per Benezecho, e que estessem abizats* III s. IX d. Voir de même *Inv. Somm.* CC. 155.

Anglais et l'alarme se répand dans tout le pays. On décide que l'on chassera l'ennemi de cette position menaçante, et le siége posé devant la place, dès le mois d'octobre, par le sénéchal de Toulouse, Colard d'Estouteville, seigneur de Torchi ou de Turci (10), se continuait en novembre et aussi en décembre, époque où nous trouvons les environs d'Albi occupés par le bâtard de Savoie (11). Avant la fin de l'année des conseils eurent lieu à Carcassonne et à Gaillac pour délibérer sur les frais du siége, et sous la date du 1er janvier suivant (1381), on rappelle qu'à l'assemblée de Gaillac il avait été décidé de s'adresser au conseil royal de Toulouse, pour qu'il fît payer les troupes qui assiégeaient Thuriès, attendu que Turci menaçait sans cela de se retirer. Le 12 janvier, Jean d'Estouteville, frère du seigneur de Turci, se plaignait, à Albi, du manque de vivres et d'ouvriers qui devaient être fournis par la ville, et le 15, celle-ci s'informait si les capitouls voulaient contribuer aux fournitures nécessaires « pour l'attaque de Thuriès et contre Bénazet » (12); mais il paraît que le sr de Turci ne reçut pas les secours qu'il demandait, car il avait levé le siége le 1er février, jour où il passa à Albi avec ses gens d'armes.

Nous ne voyons pas que le conseil qui avait été assemblé sur ces entrefaites à Narbonne, le 4 janvier, afin de voter des subsides pour remédier au pillage des troupes armées, ait procuré de son côté des moyens bien salutaires. Quoique l'on ne puisse pas appliquer, sans doute, aux sommes votées par cette assemblée, certaines oppositions qui se produisirent au sujet des aides (12 bis), il semble néamoins que la perception des sommes réparties à Narbonne n'arriva qu'assez tard, puisque l'on voit la ville d'Albi payer cet impôt au receveur, vers la fin du mois de mai (13).

Ainsi, le pays était comme forcé de se reconnaître impuissant pour se délivrer par lui-même de sa triste situation : il lui manquait un chef jouissant d'assez d'autorité et de confiance pour grouper dans un effort commun ses forces militaires, et pour inspirer aux populations les sacrifices d'argent qui pouvaient seuls permettre quelque action décisive. A la fin de février, où

---

(10) D. Vaiss. VII. 350. — La localité d'où ce sgr tirait son nom est aujourd'hui Torcy, dans l'arrondissement de Dieppe.

(11) Comp. f. 42. Payé le 17 décembre à Guibert, envoyé par la ville à Toulouse, pour avoir certaines nouvelles, *e conceue que partis davan jorn a fi que la fos de bona hora e fo al jorn à Marssac e covenc que lhi aguessem tres homes que lo acompanhesso quar à Caylus a S. Ginieiss et à Raissac ero alotgatz las gens darmas del bastard de Savoya, agro ne casen x d. e x d. que begro entre totz a Marsac, monta III s. IIII d.*

Quant à la prise et au siége de Thuriès, voyez pour les preuves CC 155 *passim*, et l'*Incent. Sommaire* de M. Jolibois, dans diverses séries.

(12) Compt. 155, f. 76. Sous la date du 15 janvier, la ville envoie à Toulouse, M. G. Prunet, consul, pour diverses affaires, entre autres, *per saber se los senhors de capitol metian neguna processio sus lo seti de Turia ni de Benesecho.*

(12 bis) D. Vaiss. 577, 306. — Nous ne savons si l'on ne pourrait pas cependant rapprocher, pour une opinion contraire, D. Vaiss. VII, 303, 376, Tardif, *Inventaire des cartons des rois*, p. 411 (citant une ordonnance du roi qui, sur les doléances des Etats de Languedoc, assemblés à Paris, les décharge des subsides et des subventions imposés depuis Philippe-le-Bel, janvier 1381), et encore D. Vaiss. 577, 578, où l'on trouve aussi une révocation des aides et subsides en faveur de la sénéchaussée de Carcassonne.

(13) Compt. f. 76. Le 4 janvier on paye G. Bistor qui partit d'Albi pour aller à Narbonne *al cosselh mandat per moss. lo senescalc de Carcassonna alqual cosselh ero mandatz totz los tres estatz per metre processio sus la raubaria del pays e per saber se las imposicios demoreron estec en lodic viatge x jorns à xv s.* — Aprés fol. 83, nous trouvons qu'un député d'Albi va de Carcassonne au conseil de Narbonne, le 4 janvier, où les trois états avaient été appelés par le sénéchal, et l'on a vu, à note 7, que, dans ce même mois, il y eut aussi une réunion pour un subside déjà voté. — Le 4 février, un sergent porte la mande de 4 gros par feu ordonnés dans le conseil tenu dernièrement à Narbonne, afin de payer les gens d'armes pour la défense du pays (f. 44). — Le 25 mai, il est payé au receveur de la sénéchaussée de Carcassonne pour le demi-gros par feu, imposé en janvier au conseil de Narbonne, 70 gros, égalant 4 l 7 s 6 d (f. 49).

les habitants d'Albi ne pouvaient se tenir sur la défensive en dehors de leurs murs, plusieurs d'entre eux avaient déjà proposé de demander la protection du comte d'Armagnac et de signer une composition avec les Anglais de Thuriès, afin de permettre aux ouvriers des vignes de travailler librement (14).

Ce qui contribuait à donner de la force aux compagnies de routiers, c'était l'appui que leur prêtaient les princes en les employant dans leurs guerres particulières. C'est ainsi que, dès 1376, et de divers côtés, on les voit au service du comte d'Armagnac, qui empruntait leur secours dans ses luttes de famille avec le comte de Foix (15). Les querelles des deux grands seigneurs

que nous venons de nommer étaient du reste très-vives dans l'Albigeois, où elles se soutenaient par la discussion des droits de propriété sur de vastes domaines : durant la compétition du duc de Berry et du comte de Foix pour le gouvernement de la province, elles vinrent se confondre des deux côtés avec les intérêts opposés des deux prétendants, en contribuant ainsi à augmenter leurs discordes, et, à ce sujet, il nous reste à rappeler en quelques mots la situation respective des deux partis dans le pays, par suite de ces rivalités de famille, c'est-à-dire leur influence et leurs possessions particulières.

Les domaines situés dans la Terre-Basse d'Albigeois et qui avaient fait partie de la sei-

(14) Registre de Délib. BB 16, fol. 139 bis : En 1380 (1381), *lo darier dia de febr.*, sur ce qu'il fut dit que *alscus aviau ubertas paraulas que hom fezes seroiri a moss. d'Armagnac afi que per las gens d'armas no fos hom dampnagat et que hom prezes qualque patu am los Engles de Turia, totz tengro que om ne aia miels son cossellh e que de presen no s'en aponche re, mais que los affanaires totz obro essemps vas una part del binhe.*

(15) Délib. BB 16, f. 43. En juin 1376, il est dit que le bâtard de Landorre a envoyé des lettres portant qu'il est logé avec Benezech, *otra Tarn*, auprès d'Albi, *e en torn aqui, am gran fag d'autras companhias de la partida del comte d'Armanhac.* — Peu de temps après, nous voyons au service du même comte P. de Galart, qui était un chef des compagnies Anglaises, d'après D. Vaiss. VII, p. 289, 301, et Cabrol, *Annales de Villefranche*, tome I, p. 306. Nous lisons dans les Délib. que le 28 septembre 1376, les consuls ont exposé *que P. de Galart e sas gens que ero en lo loc de Tersac e en lo loc de Girossencxs se perforsavo de donar a la preson ciutat grans dampnatges* et d'en prendre les gens et les bestiaux, et ils ajoutent que ces gens de guerre ont fait savoir que si l'on *no fasia patu am lodig P. de Galart e que lhi dones finansa*, ils occasionneront de tels dommages qu'ils empêcheront de faire les vendanges. On demande donc s'il faut s'accorder avec eux ou leur résister ; sur quoi *totz disso que so hom lor fazia neguna rebellio; que, atendut que els ero sus lo pays per moss. d'Armanhac, que fora perilh que lodig moss. d'Armanhac ne agues gran desplazer e que donesso mot gran dampnage; per aco* ils tinrent et conseillèrent, vu les pertes qui pourraient survenir à la ville, à l'égard de ses gens et de ses bestiaux *que tolriau las vendemias, que, qui miels far non*

podia que hom agues patu am lodig P. de Galart, aqui hom fines am el, ab miels que hom poiria ni los cossols poiriau far ni tractar. Le 3 oct. suivant, il est rappelé que plusieurs fois on avait décidé *que hom agues patu et seguransa de Peire de Galart e de sas gens que ero enlo loc de Tersac*, et que l'on fit quelque *finansa* avec eux afin de pouvoir vendanger; à différentes reprises on s'était abouché dans ce but avec ledit capitaine et avec son lieutenant, et l'on avait allongé l'affaire afin de voir dans ce temps si l'on ne pourrait pas y remédier par le secours du sénéchal de Carcassonne, *o per autres que resistes aldig P. de Galart e a sas gens*. Les consuls avaient envoyé sur ce sujet au conseil de Carcassonne et à monsgr d'Armagnac pour savoir s'ils pouvaient leur accorder leur aide, et, comme on n'avait pas reçu de réponse, on délibère de l'attendre encore 2 jours avant de traiter et de « finanser » avec ledit Galart. Dans une autre délibération du 10 octobre on voit qu'ayant été résolu de donner à *Pero de Galart* 150 francs, *am aital condicio que lod. Perro dones al loc d'Albi e de Caslus et a lor pertenonsas e a las gens del dig loc sal e segur condug, aital quant hom lolh trametra ordenat, et coma hom aia trames lodig sal condug ordonat aldig P. e lod. P. no lo aia volgut trame, seno a temps, so es a saber entro a Nadal, perque dissero se per aquel sal condug loguat ora al terme desus dig hom lhi donara la dicha finanssa.* Sur cela, il est décidé de lui écrire qu'il envoie led. sauf-conduit, sans aucun terme, sinon il en sera délibéré *per major cossellh.* — Enfin nous avons vu le comte d'Armagnac, de connivence avec ceux de Thuriès, à la fin de février 1381, et nous le retrouvons, à la même époque, servant d'arbitre entre les habitants de Villefranche et Pierre de Galart mentionné ci-dessus. Cabrol. I. 306.

2

gneurie de Castres, étaient advenus, par héritage, à la maison de Foix, mais ils lui avaient été contestés en même temps par les comtes de Comminges, alliés des d'Armagnac : ce ne fut qu'après diverses hostilités et en 1379 que Jean II d'Armagnac, comme représentant de l'héritière des Comminges, consentit à délaisser au comte de Foix la tour de Couffouleux et le reste de la Terre-Basse. C'est ainsi que Gaston-Phœbus, qui avait déjà succédé aux droits de son père, comme vicomte de Lautrec, se trouva de plus, en 1380 et 81, sgr de Cadalen, Puybegon, Terssac, Florentin, Parisot, Giroussens, etc., localités que nous verrons, en effet, occupées dès lors par ses capitaines. S'il acquit bientôt après, sinon dès cette époque, les châteaux d'Ambres et de St-Sulpice, on voit que ce ne furent là que des agrandissements très-secondaires et qu'il était déjà, par ses autres domaines, l'un des plus puissants seigneurs du pays.

De leur côté, les Armagnac ayant pris les armes en faveur des Comminges leurs alliés, en 1376, durent jeter particulièrement, dans l'Albigeois, les fondements de leur crédit. Ainsi que nous l'avons vu, Landorre et Bénazet étaient auprès d'Albi, en juin 1376, au nom de ces partisans et Pierre de Galard occupait pour eux Terssac et Giroussens en septembre et octobre suivants, tandis que les compagnies rassemblées encore pour le compte des Armagnacs dévastaient une partie du Toulousain (16). Après le traité de 1379 ils ne paraissent pas avoir conservé de places dans le pays, car ce n'est qu'en 1382 qu'ils acquirent Montmiral (17), mais durant leur séjour ils avaient noué des relations qui ne durent pas s'effacer, et d'ailleurs Jean II d'Armagnac, comme comte de Rouergue, comme fils d'un ancien lieutenant de la province, et comme beau-frère du duc de Berry, était par ces divers titres un personnage recommandable pour ses voisins du diocèse d'Albi. Il paraît avoir eu au surplus dès le commencement de 1381 des gens d'armes à son service ou des rapports avec des routiers anglais de l'Albigeois, et dès lors, en renouvelant sa querelle d'héritage, il dût tenter de reprendre à main armée les domaines et les places cédés à Phœbus et, par cette attitude, commander nécessairement le respect et la crainte.

Telle était la situation locale des deux chefs ou protecteurs, entre lesquels l'Albigeois, comme tout le reste de la province, allait avoir à se décider durant la grande lutte qui était sur le point de s'ouvrir, et dans laquelle l'on allait voir, d'un côté, le comte de Foix, et de l'autre, le duc de Berry, faisant cause commune avec son beau-frère le comte d'Armagnac.

Tandis que l'on ne connaissait le duc de Berry que par ses folles prodigalités et ses rapines scandaleuses, et que l'on avait tout à craindre de ces précédents, Gaston au contraire, était environné d'un prestige incontestable, grâce à ses succès militaires aussi bien qu'à la justice de son gouvernement. Séduits par la réputation que lui attiraient ses qualités et sa conduite, les peuples qui habitaient la partie de l'Albigeois placée au sud du Tarn, et où il avait d'ailleurs des intérêts particuliers, à cause des terres qu'il y possédait, lui avaient déjà demandé sa protection en septembre 1379 (18); et il semblait que

---

(16) D. Vaiss. 561.

(17) *Revue du Tarn*, tome II. p. 15. — Une délibération du 18 nov. 1382 cite le lieu de Castelnau-de-Montmiral comme une acquisition récente *(novela conquesta)* du comte d'Armagnac. BB. 17.

(18) Délib. du conseil d'Albi, composé des consuls et des *singulars*, du 29 septembre 1379. *Sobre aisso que dissero losdigs cossols que M° G. Ros procurayre del comte de la Marcha et M° B de Bertols ero benguts a tor e lor abian digs que, per la gran temor que las gens del comtat aviau de las gens d'armas dels Engles e dels Frences, losqual hom dizia que deviau venir de sa lo Tarn, las dichas gens del comtat e lo cosselh del dig moss. lo comte de la Marcha aviau trames a moss lo comte de Foiss e lhi aviau dig e manifestat los grans perilhs que se podo ensegre per las dichas gens d'ar-*

le pays, toujours épuisé par les routiers et par les exactions, ne pouvait se jeter encore cette fois dans les bras d'un meilleur libérateur. Malgré l'attachement qu'inspiraient l'autorité royale et ses représentants, on verra que le parti de Gaston eut beaucoup d'adhésions en Albigeois, et il en aurait eu sans doute de plus nombreuses encore, si les habitants n'avaient eu à redouter les rancunes des Armagnacs, qui par leurs influences locales, pesaient à leur tour dans la balance, en faveur du duc de Berry. Placées entre ces deux partis également redoutables, les populations hésitaient souvent à se prononcer nettement, puisque dans chaque alternative elles avaient des risques à courir. L'on verra en particulier les habitants d'Albi (toutes les fois que la force des choses ne vient pas leur imposer une décision) obligés de tenir compte de cette double série d'intérêts, afin de ne pas indisposer ses puissants voisins, en favorisant l'un d'eux au préjudice de l'autre.

mas que entendo a passar de sa lo Tarn e non remens lhi aviau dig que tot lo pays desa lo Tarn acin gran cofizensa en luy et que lhi fariau voluntiers son plazer, se et los gardava que no fosso damnejats per las dichas gens d'armas. It. dis lor may lodig procuraire que entenda es de las gens del comptat que dono qualque finansa a moss. de Foiss, et que los lengua segurs, quar lodig moss. de Foiss lor avia promes se voliau far cauza perque et faria de maniera que home d'armas de Engles ni de Franses non auzariau tocar una galina otra lo bolenlo las gens que seriau en la dicha finansa o patu. It. dissero may que lodig procurayre avia dig als digs senhors cossols se voliau esser participans ni volriau contribuir en lodig patu ho en la dicha finansa e que hom lhi respondes so qu'en siria pist, perque demandero cossels los sobredigs cossols als digs singulars, qual resposta faria hom al dig procurayre sus aisso ni se volriau que hom contribuiria en la dicha finansa. E sus aquo tots tengro que atendut que hom no ha colgut contribuir en lo patu ho fermansa que au fag los comus de Roergue e d'Albeges am moss. d'Armagnac que aitant pauc contribuisca hom en aquest que entendo far las gens del comptat am moss. de Foiss per razo quar qui contribuya am la 1, l'autre n'auria despiey, e may que non ha hom ni poiria aber i denier que hom hi dones.

Après cet aperçu sur l'état des deux partis dans notre région reprenons le fil des événements.

§ 3.

Phases de la querelle du duc et du comte et de leurs négociations, de janv. 1381 a la fin de juill. suivant.

S'il semble, d'après l'extrait rapporté du 15 janvier (note 6) que les Albigeois, fidèles avant tout au principe de l'obéissance au roi, ne fussent pas disposés à se rallier quand même au comte de Foix, il résulte de la discrétion qu'ils recommandaient à leur délégué, au sujet du but de sa mission, que le comte avait aussi à Toulouse ses partisans, contre lesquels il n'était pas bon de se déclarer d'une manière ouverte. On peut admettre sans doute que Gaston de Foix, se trouvant dépouillé injustement du commandement de la province, et voyant un motif d'irritation, comme il le dit, dans le choix du beau-frère de son rival, ait été entraîné par ces motifs à méconnaître les ordres du roi; mais il faut ajouter qu'il dût être raffermi surtout dans sa résolution par l'approbation qu'elle obtint de la part des peuples, soit que ceux-ci, ne voyant ailleurs d'autre remède à la situation, la lui eussent accordée de leur propre mouvement, soit qu'il l'eût sollicitée lui-même par ses intrigues. Tous les documents sont d'accord sur le fait de ce consentement, donné par le pays à Gaston, et qui, autant qu'on va en juger, doit dater du 1er mois de 1381.

Outre les auteurs allégués par D. Vaissète, et sans oublier un extrait du compte des *explecta* ou amendes de la sénéchaussée de Toulouse, qu'il rapporte dans ses notes (p. 426), on peut voir là-dessus une pièce plus explicite et plus authentique encore dans un mémoire publié par Mr Ad. Baudouin, sur les commencements de la querelle des deux prétendants (19). A ces

(19) *Mémoires de l'Acad. des sciences, de Toulouse*, 1871, p. 360 et suiv.

deux témoignages nous ajouterons l'extrait suivant de la chronique de Miquel del Verms, dont nous avons déjà parlé et qui concerne cette fois toute la province. « L'an 1380, le jour de l'Apparition (20), le comte Phœbus partit de Béarn et vint dans le comté de Foix avec 1,000 hommes d'armes (21). Il mit sous sa protection Toulouse ainsi que les sénéchaussées de Carcassonne et de Beaucaire, à la requête des communes, et, étant arrivé à Toulouse, il prit son logis à St-Cyprien, et là il fut reçu pour capitaine. Il resta gouverneur toute cette année (c'est-à-dire, selon l'ancien comput, jusqu'à l'Annonciation ou jusqu'à Pâques) ; mais l'année suivante, 1381, le duc de Berry, etc. »

En même temps, au mois de janvier sans doute, ou bien, comme on le veut, antérieurement à l'assemblée qui donna au comte le commandement et le protectorat du pays (22) les capitouls de Toulouse députèrent vers le roi pour lui demander de conserver Gaston-Phœbus comme gouverneur ; mais Charles VI accueillit leur requête par un refus, maintint le duc pour son lieutenant et, afin de préciser ses volontés, adressa des lettres au comte de Foix, aux capitouls, aux gens d'église, aux nobles et aux principales villes (23). Ces lettres étaient arrivées déjà dans le pays avant le 4 février, puisque ce jour-là le comte écrivit au roi, pour sa réponse, que quoique prêt à lui obéir en toute autre chose il ne pouvait souffrir en Languedoc un gouverneur qui fût son ennemi personnel (24).

D'un autre côté, le comte d'Armagnac, vers la fin de janvier, fit savoir au duc l'arrivée du comte dans le pays de Foix, afin de le presser de se rendre en Languedoc, pour s'opposer à sa nomination « de capitaine des trois sénéchaussées. » Le duc répondit qu'étant resté jusque-là à la cour, il était ainsi parvenu, malgré l'abolition des aides, à faire voter par les députés du Languedoc les sommes nécessaires à la solde de 6,000 hommes, et qu'il avait été également obligé de différer son départ à cause de l'appel des impôts fait par ceux de Carcassonne, et aussi à cause des démarches des partisans de Gaston auprès du roi, que sa présence avait réussi à neutraliser ; il ajoutait qu'il ne croyait pas que ce comte poussât aussi loin son entreprise qu'on le disait, et que les capitouls avaient promis de se soumettre toujours à la volonté du roi ; enfin, si quelques affaires l'obligeaient de s'arrêter encore en Berry, et s'il ne pouvait envoyer des secours de troupes, vu que les aides avaient cessé dans le pays et que les revenus domaniaux étaient dépensés, son intention était toujours de venir bientôt sur les lieux, afin d'y défendre plus efficacement ses intérêts, avec le secours dudit d'Armagnac. Sa lettre est datée du 18 février, et c'est alors ou peu après que la réponse du comte de Foix arriva à la cour (25).

Depuis sa réponse au roi de France, Gaston de Foix n'avait plus qu'à se préparer résolument à la lutte, et, de fait, il paraît qu'il vint à Toulouse à la tête d'un corps d'armée, dans le but avoué de combattre les routiers, mais en même temps, sinon de préférence, dans l'intention de fortifier sa cause contre son rival (26). Dans le même voyage, après être arrivé à Gaillac, il se rendit vers le 12 mars à Giroussens, où une

---

(20) Cette date, corrigée ou tout au moins ramenée au nouveau style, correspond au jour de l'Epiphanie, 6 janvier 1381.

(21) Le comte d'Armagnac annonça par écrit au duc de Berry cette venue du comte dans le pays de Foix, ainsi que ses menées auprès des capitouls de Toulouse, et, comme le Duc avait reçu ces nouvelles le 18 février (Voir D. Vaiss. VII. 576), il en résulte que les faits remontaient sans doute au mois précédent ou environ, ce qui s'accorderait avec notre chronique.

(22) Mémoire de M. Baudouin. p. 369.

(23) D. Vaiss. VII. 577.

(24) D. Vaiss. VII. 576.

(25) D. Vaiss. 576. 577.

(26) Mem. de M. Baudouin. 370. 375.

députation de la ville d'Albi alla le saluer (27), et c'est alors peut-être ou au plus tard dans le mois suivant qu'il fit dévaster les terres qui, dans la sénéchaussée de Toulouse et dans celle de Carcassonne, refusaient de le reconnaître (28). Ces violences sur les deux sénéchaussées prouvent que ce n'était pas sans scrupules et sans craintes que l'on abandonnait en divers lieux le parti du duc et du comte d'Armagnac, et à Albi, malgré la députation du 12 mars, on consultait le sénéchal six ou sept jours après, avant de prendre une décision sur des lettres envoyées par le comte de Foix (29). Mais celui-ci ne négligeait rien pour s'assurer l'adhésion des peuples, aussi bien que celle des seigneurs, parmi lesquels il sût attirer dans ses intérêts ceux de Vénès et de Paulin (30). On va voir que ses affaires avaient été si bien conduites que, soit de force, soit par la persuasion, il se trouva bientôt et pour quelque temps le seul maître dans le pays.

Dès le 9 avril arrivèrent à Albi des lettres de ce prince annonçant qu'il avait convoqué à Mazères, le troisième jour de Quasimodo (21 avril) tous les députés des villes notables de la province, et qu'il invitait les habitants d'Albi à déléguer à cette assemblée deux ou trois prud'hommes (31). Les Albigeois en référèrent aussitôt au sénéchal, et celui-ci ayant réuni les communes de son ressort, il fut décidé que l'on accepterait l'invitation du comte de Foix (32). D'après les lettres de Gaston l'assemblée de Mazères était motivée par les propositions d'accord que les envoyés du duc de Berry lui avaient portées depuis peu, et elle avait pour but de permettre au comte et aux députés des villes de prendre une décision en examinant, par rapport

(27) It. paguiey a xii de mars que fo ordonat que M° G. Bestor, en Felip Vassieira en D. Daunis, en F. Picart anesso far la recerencia al comte de Foiss a Gathac et quant foro sus lo cami saubro que fo mudat a Girossenxs et anero hi, e dospendero entre tres jors que estero, an iii massips que menaob, de boca, an los rossis, que no prendiau autres gatges xxvi s. m. (Comptes. 155. f. 45.)

(28) D. Vaiss. vii, 308. — Mém. de M. Baud. 375. — Nous trouvons une autre mention de ces agressions et de la prise d'armes de Gaston dans des lettres royaux approuvant la confiscation de S. Sulpice, en février 1423. v. st., et qui rappellent, en effet, que le comte de Foix, se révoltant contre l'autorité de Charles vi, se joignit à une multitude de gens d'armes Anglais, ennemis du roi, marcha contre le duc de Berry gouverneur de la province, attaqua des villes et des châteaux qui lui obéissaient, s'empara par la force de plusieurs de ces places, et commit divers désordres. Il est ajouté qu'à la suite de cette révolte et de ces hostilités une enquête fut faite sur la conduite de Gaston par les gens du roi, et que c'est ainsi que le château de S¹-Sulpice, qui appartenait à ce prince, fut confisqué et réuni à la couronne. (Reg. du domaine royal : 1326-1520. p. 324, aux Archives du Capitole à Toulouse).

(29) Le 19 mars on paya le voyage de Ph. Vaissiere, consul, qui alla à Carcassonne pour parler au sénéchal et aux consuls de cette ville per alcunas letras que nos avin tramezas lo comte de Foiss. (Comptes. f. 76.)
Il ne faut pas oublier qu'afin de conserver sans doute les sympathies de ses sujets, le roi avait déjà aboli, vers janvier, les aides qui avaient eu cours anciennement, et qu'il révoqua encore en avril suivant les subsides levés depuis Philippe-le-Bel, sur les nobles et les ecclésiastiques de la sénéchaussée de Carcassonne. Voir D. Vaiss. 306. 576 à 578, et Tardif, Cartons des rois (monum. histor.) p. 411.

(30) D. Vaiss. vii. 306.

(31) Comptes. f. 46. Le 9 avril la ville paie une somme pour un messager du comte de Foix, qui portait des lettres dudit seigneur contenant que 3 ou 4 des « bons hommes » d'Albi fussent le trouver le 3° jour après Quasimodo. — Ces lettres qui sont datées du 6 avril, se trouvent rapportées par M. Compayré, Etudes histor. p. 262.; on y voit que le comte avait mandé à Mazères, pour le même jour, les députés des sénéchaussées de Toulouse, de Carcassonne et de Beaucaire.

(32) Comptes. f. 77. La ville paye le 15 avril G. Bestor qui alla à Carcassonne parler à moss. d'Albi et avec le conseil du sénéchal, pour savoir se anerem a Maseras en aissi coma lo comte de Foyss nos avia mandat per sas letras e quant fo de part de la los vossols de Carcassona agro aponchat an lo cosselh de moss. lo senescale que totz los comus de la senescalcia fosso lo sapde apres a Carcassona e calc que esperes que losdigs comus fosso venguts per vezer que aponchero : estec en tod viatge ix jorns. — Voir de plus, ci-après, note 35.

au pays, les avantages et les périls qui auraient résulté de l'acceptation d'un arrangement (33). Nous n'avons pas le compte-rendu des délibérations qui furent prises alors par les députés de la province, mais ce que nous savons très-bien, c'est qu'il n'y eut pas encore d'accord entre les deux compétiteurs, et que, bientôt après, ayant négocié les conditions auxquelles le comte se chargeait d'arrêter les ravages des compagnies (34), les députés de la sénéchaussée de Carcassonne, venus à Mazères, votèrent à cet effet un impôt de 4,000 francs pour un mois, commençant le 13 mai (35). Par cette seule clause, il est évident que l'on acceptait en même temps, comme par un compromis tacite, l'autorité du comte dans la province, au préjudice de celle du duc de Berry. Il est certain, du reste, que le pays, qui avait à payer encore vers ce moment un subside, précédemment imposé à Narbonne, répartit et solda exactement, dans le mois suivant, les sommes promises à Gaston (36).

Que se passait-il pendant ce temps à la cour ou dans les conseils du duc? Irrité déjà par la lettre hautaine du comte de Foix, le roi, qui se décida un instant à marcher contre lui et prit l'oriflamme le 3 avril, écrivit le lendemain au sénéchal de Toulouse, pour qu'il enjoignit à tous châtelains et à tous nobles et non-nobles de n'obéir qu'au duc de Berry et d'abandonner son adversaire. Quant au duc, averti sans doute de l'entrée du comte dans Toulouse et de sa convocation des Etats, après lui avoir envoyé ses délégués avant le 18 pour lui proposer un accommodement, s'il voulait obéir aux ordres royaux, il renouvela, par des lettres du 6 mai la défense du roi ; mais il ne paraît pas que leurs ordres

(33) Compayré 262.

(34) Déjà, avant le 20 avril, Gaston avait pris à ce qu'il paraît, un premier engagement de protéger la sénéchaussée de Carcassonne, contre les désordres des gens de guerre (voyez plus loin, note 45), et nous avons montré que le Toulousain était placé sous sa protection dès les mois de janvier ou de février.

(35) Le 20 avril on paye les frais de voyage *an Domenge de Mounac et a Bern. Esteve Policier que foro deputatz per anar al comte de Foyss que avia mandat los conuns a Maseras e M° G. Bestor mandec de Carcass. en foras que hom hi anes, quar en aissi ero estat aponchat a Carcassona al cosselh; estero en lodig viatge, cascu XI jorns, à 15 s. par jour chacun* (Comptes. f. 77.) — Le 5 mai lo trésorier paie lesdits Domenge de Monnac et Bern. *Esteve que tornero al comte de Foiss, am loquat fo, en lodit viatge, acordat que tota la senescalcia de Carcassona (payeriat) per I mes IIII m. francs, estero en lod ciatge XII jorns* (Ibid, f. 77) — Délib. du 17 mai : *It dissero may que en Domenge de Monnac en B. Esteve ero benyutz de Foyss, am los autres conuns losquals ero anatz à Mazeras per penre qualque bon acort am moss. de Foyss a fi que les gens d'armas no nos dampnegesso, et, au reportat que lo era estat aponchat am mosenhor de Foyss que tota la senescalcia de Carcassona lhi done per I mes, comensan a XIII dias, daquest presen mes de may en avan, quatre milia franx, perque dissero qual procesio si metra ni de que pagaria hom la quota apertenen en esta vila. E sus aquo fo aponchat que per pagar la dicha cota desta vila hom empause I comu en cas que mestier hi fassa o mens se per mens se pot pagar, et aquo remeiro a la conoissenca dels senhors cossols am aital condicio que tot home sia tengut de pagar per so que aura.*

(36) On trouve (f. 31 des Comptes) la *prise ou recette de chaquo gache de la ville d'Albi, pour un commun imposé le 17 mai 1381 per pagar la promeza facha al comte de Foyss.* Au fol. 33 est la *presa fucha de II gr. e mieg per fuoc ordenatz que se levesso dels locz de la vigaria per pagar las despessas fachas seguen los cosselhs el tractat del comte de Foyss e seguen las pagas a luy fachas de so que lhi fo promes laqual ordenansa fo facha a XVII de may : Premieramen presi de la universitat de S. Salvi de Carcavés. per la ma de G. Bestor a XXII de may, per II fuocs, VI s. III d. etc.* Le verso du même feuillet porte la prise des 5 gros et demi par feu des lieux de la viguerie, imposés par les communes de la sénéchaussée de Carcassonne, pour payer 4,000 fr. promis au comte de Foix, et dont la perception se fait également au mois de mai. Enfin le 8 juin, un envoyé va payer à Carcassonne l'impôt convenu ou « la monnaie promise » aud. comte et cela pour la ville d'Albi et pour la viguerie; les comptes municipaux détaillent les sommes qui furent ainsi versées à Carcassonne, sous cette date, on faveur de Gaston à raison des 4,000 fr. promis par la sénéchaussée : outre le montant dû par Albi, on voit que Sénégats paya 9 francs, et les lieux de la viguerie 16 francs (f. 77, 78, 49.)

aient été suivis (37) car nous venons de voir que précisément à cette époque les États réunis à Mazères traitaient avec Gaston pour lui confier la protection des peuples. Il était nécessaire que la présence du prince dans le pays vînt impressionner plus fortement les esprits pour faire échec à l'influence du comte de Foix.

Peut-être ce comte, qui pressentait l'arrivée prochaine du duc, chercha-t-il, en attendant, à renouveler son traité avec les habitants des villes. Nous voyons du moins qu'il appela de nouveau ceux d'Albi à Mazères pour le 13 juin, sans que nous sachions toutefois le résultat de cette démarche (38). A ce moment, le duc de Berry se dirigeait sur la province et nous allons essayer d'indiquer son itinéraire ainsi que ses rapports avec le pays et avec son antagoniste dans les premiers temps de sa venue. Voici comment M. del Verms, l'auteur de la chronique des comtes de Foix, résume les faits relatifs à la querelle des deux princes durant les deux mois que nous allons suivre. « L'an d'après, 1381, le duc de Berry, oncle du roi, à l'instigation et à l'importune et envieuse poursuite des comtes d'Armagnac, de Comminges et d'Albret et de tous leurs partisans, *s'ingéra* lieutenant du roi. Il vint à Albi après la Nativité de saint Jean-Baptiste (24 juin) pour s'opposer au comte Phœbus et à son gouvernement, et là-même, au mois de juillet, l'évêque de Langres, en France, et messire le Galois Ysalguier de Toulouse (39) servirent à moyenner entre eux un accord : ils convinrent avec le duc de Berry que le comte de Foix se rendrait, pour parlementer avec lui, à Carcassonne, et ils fixèrent un délai pour venir ensemble en réunion et conférence. Mais, pendant ce délai, la semaine avant la Madeleine (22 juillet), etc. » Suit le narré d'une défaite de routiers par les gens du comte de Foix, dont nous parlerons plus loin, après quoi la chronique reprend ainsi : « Il y eut grand débat entre le comte et le duc, et leurs négociations seraient longues à écrire ; disons toutefois que le duc de Berry ne s'en retourna pas sans souci et sans riposte....... La querelle dura encore entre eux jusqu'à l'accord qu'ils conclurent ensemble à Notre-Dame de Marseille ». Tous ces événements paraissent exacts et on va les voir confirmés en grande partie par les renseignements plus précis encore qui nous arrivent par d'autres sources. C'est ainsi qu'après avoir constaté la présence du duc de Berry et du comte d'Armagnac à Millau, le 22 juin (40), nous retrouvons effectivement ces deux seigneurs dans l'Albigeois à la date donnée par del Verms. Ils passèrent à Albi vers la saint Jean (41), et le duc de Berry se trouvait avec son armée devant

(37) D. Vaiss. vii. 306, 307, 426. Mém. de M. Baud. 374.

(38) Le 8 juin on paye certaine somme à un délégué de la ville qui étant allé à Carcassonne, fut obligé d'arriver de là à Mazères, attendu que le comte de Foix avait écrit *que hom fos a luy al xiii° jorn deldig mes.* (Compt. f. 77.)

(39) Le Galois Ysalguier est cité par D. Vaissète (vii. 553. 570) et c'est lui sans doute que le duc avait déjà envoyé pour traiter avec le comte de Foix, dès le mois d'avril 1381. Compayré, 262. — Quant à l'évêque de Langres, l'Inventaire des Monuments historiq. des Archiv. nation. par M. Tardif, p. 411, cite des lettres du 30 avril 1381, par lesquelles le roi lui alloue 8 fr.

d'or par jour pendant la mission qui lui a été confiée près du comte de Foix, et nous savons qu'il était du conseil du duc de Berry en cette même année. (D. Vaiss. vii. 309.)

(40) D. Vaiss. vii. 307.

(41) Déjà le 15 juin, le capitaine de Gayé, un des châteaux du Rouergue, appartenant à d'Armagnac, avait écrit aux consuls d'Albi pour leur annoncer cette arrivée du duc de Berry et de sa suite, et pour leur recommander de réunir des approvisionnements destinés à ses troupes : « Sachez, leur dit-il, que dans peu de temps *bos auretz aqui moss. de Beri egran cop d'autres senhors an gran cop de gens d'armas, per que, mos cars senhors, fatz far grand cop de processio per las hostelarias et per d'autres hostals*, soit en foin, avoine, grains, etc., ces troupes pourront ainsi se procurer, en payant, ce dont elles auront besoin, et vous éviterez les dommages qu'elles occasionneraient, si elles étaient réduites à le prendre de force. *Lo tot vostre B. Gui, capitani de Guaiu.* » (Arch. d'Albi. AA 33.)

Le 23 juin, les consuls envoient à Les-

Gaillac, le 30 suivant, où il ordonna qu'on lui remit certaine somme que les habitants d'Albi tenaient en réserve pour le compte de la ville (42). Si nous perdons ensuite les traces précises de la marche du duc de Berry, il est à croire cependant qu'il se rendit à Castres, où il aurait tenu une assemblée des communes du pays (43).

cure savoir si moss. d'Armagnac decia tenir a fi que lhi anessem far la reverencia e recomandar la vila; et le 23 juin, on paie les frais de voyage de Bernat de Bordas que tramezem a moss. de Berri et a moss. d'Armanhac am letras clausas quar aviam entendut que deciau tenir en esta vila et escriussem lor que tenguesso la vila per recomandada e que lor plagues que no sia mezesso gens darmas en tro gran nombre (Compt. f. 52.) — *Sus aisso que dissero que moss. de Berri, lo compte d'Armanhac am d'autres grans maestres veniau en esta bila, se hom lor feira negun presen ni lor donara re, totz tengro que hom done al duc de Berri, al comte d'Armanhac et als autres grans senhors, que als senhors cossols d'Albi semblara, so que als senhors cossols sera bist.* (Délib. du 25 juin. BB. 16)

(42) Invent. Sommaire, CC. 87. — Les délibérations mentionnent aussi cet argent qui était déjà mis en dépôt avant la fin de mai (Dél. du 3 de ce mois), et qui fut ensuite saisi, d'autorité du duc de Berry : *Les consuls dissero coma moss. lo duc de Berri loctenen de nostre senhor lo rey agues pres la moneda que era mesa en deposit, laqual se devia pagar an Ot Ebral, pour* « l'arriére-vente » *de la renta que led. Ebral avait sur l'université d'Albi*, etc. (Dél. du 7 juill. et du 22 sept.)

(43) BB. 16. *L'an dessus lo darrier dia de jun, los senhors cossols tengro cosselh am los singulars sotz escrigs, am* (suivent les noms desd. conseillers au nombre de 8), *sobre aisso que dissero losdigs cossols que moss. lo duc de Berri lor avia mandat que els fosson a Castras on avia mandatz los autres comus per tener cosselh sobre alcunas causas per que dissero los digs senhors cossols als digs singulars se lor semblava que hi deguesso anar ho trametre. Sus aquo totz tengro que hom hi ane.*

Nous trouvons aussi une allusion au passage du duc à Castres dans l'extrait suivant de la monographie inédite de Lautrec, par M. Rossignol : « Le comte Gaston Phœbus disputa au duc de Berry les armes à la main la lieutenance du Languedoc; il battit les troupes de ce prince auprès de Rabastens en 1381 et se retira dans le château de Lautrec. Là, apprenant que le roi marchait au secours du duc de Berry, il fit proposer à ce dernier une entrevue dans la ville de Castres, qui eut lieu en effet quelques jours

Enfin, le 16 juillet, il est à Revel où il congédie les troupes qui l'avaient accompagné jusque-là, avec le comte d'Armagnac, et d'où il arrive directement à Carcassonne (44). On pourrait admettre qu'il s'était rendu alors dans cette dernière ville pour se trouver à la conférence qui, d'après Del Verms, avait été indiquée dans ce lieu. Quoi qu'il en soit, si cette conférence, dont le résultat est sommairement analysé peut-être dans une phrase de la chronique des comtes de Foix, fut réellement tenue, il est certain qu'elle n'amena pas de sitôt la conclusion de la paix. Peut-être celle-ci fût-elle retardée par les difficultés que pût faire surgir un événement militaire sur lequel nous devons nous arrêter quelques instants en particulier, et qui survint en effet sur ces entrefaites. Nous voulons parler du combat de Couffouleux ou de Rabastens, que l'on a cité comme ayant eu lieu entre le comte et le duc, mais qui ne fut, ainsi qu'on va le voir, qu'une victoire des partisans du comte de Foix sur les bandes de routiers, ce qui nous amène, au sujet de ces derniers, à reprendre les choses de plus haut.

§ 4.

DÉSORDRES COMMIS PAR LES GENS DE GUERRE ET LES ROUTIERS. COMBAT DE RABASTENS; SON CARACTÈRE.

Depuis l'échec de Thuriès, les Anglais se trouvaient solidement établis dans le pays et leurs bandes pouvaient s'y répandre et le traverser en divers sens, à peu près assurées de trouver désormais un refuge et l'impunité dans leur place forte. Il est permis de croire d'ailleurs que le comte d'Armagnac pactisait avec eux ou, du moins, tolérait leurs désordres pour les besoins de son parti : une délibération de février,

après. (Discours de frère Doumayrou sur le couvent de St-François de Castres, mss. de M. de Combettes) ».

(44) D. Vaiss. 579.

— 17 —

ci-dessus rapportée concerne peut-être cette sorte d'entente, qui semble comme nous verrons plus loin se révéler encore au mois de juillet où la ville réclame l'intervention de ce comte et du duc, pour qu'ils la préservent des dangers dont ceux de Thuriès la menaçaient.

Cependant il ne faut pas oublier que le comte de Foix avait pris en main la cause des populations opprimées, et que, aux conditions d'un secours pécuniaire, il s'était chargé de la poursuite des meurtriers et des bandits de toute nationalité. Il est probable que sa venue à Toulouse et en Albigeois, au mois de mars, utilisée sans doute pour ses propres intérêts, correspond aussi à une première manifestation contre les routiers. Quoique ce ne soit pas à cette époque que ses partisans défirent ou arrêtèrent Bénazet (car nous allons voir que le 19 juin suivant ce capitaine est encore libre) on peut du moins admettre qu'il organisa dès lors ses forces pour opposer une résistance à leurs déprédations. Bientôt après et dans la suite il est en effet question des garnisons de Foixéens, établies en Albigeois, qui ne devaient point permettre aux expéditions des bandes anglaises ou autres pillards de se donner libre carrière.

Malheureusement, ce rôle de libérateur, rempli par le comte, n'empêchait pas ses propres troupes de se livrer à des spoliations et à des excès, et il est longuement question dans les documents des Archives d'Albi d'un enlèvement de bétail, commis au préjudice des habitants par les gens d'armes de Gaston de Foix, dans une course ou chevauchée qu'ils firent sur le territoire de la ville, le mardi de Pâques, 16 avril. Il fallut envoyer des députés au comte, pour qu'il ordonnât à ce sujet une restitution qui ne fut pas peut-être effectuée, et l'on dut de plus, durant le mois d'avril, députer auprès de certain capitaine Foixien, afin de détourner les menaces de représailles qu'il faisait alors à la ville. (45).

(45) Compt. 155. f. 47. Les gens d'armes de Gaston Phœbus ayant fait une course sur le

L'assemblée de Mazères, qui vota en mai de nouveaux subsides, témoigne qu'à cette date le pays était toujours en proie aux vexations des gens de guerres hostiles à Gaston Phœbus. Contenus tout au plus par les forces dont il disposait et par les mesures qu'il avait prises, non-seulement les routiers conservèrent leurs

territoire d'Albi le mardi de Pâques, un envoyé se rendit le 18 avril, auprès de moss. Bertr. Frotier qui vint en cette ville pour parler et transiger sur ce qu'on ferait au sujet du bétail pris par les Foixiens. — It. paguiey a xx d'abril a maestre J. Provenquier que era estat à Buset et à Sanlig Sumplizi per parlar am moss. Arn. Guilhem et am moss. P. Arnaut de Bearn per la corsa que avian fa[c]ha davant esta vila, per bezer se per la seguerensa que moss. lo com de Foiss avia donada a la senescaucia de Carcassonda se volgro redre lo bestial que n'avian monat, ac viii s. iii d. (Ibid.) — J'ai payé le 25 avril à G. Balinier qui porta une lettre à moss. Bertran Frotier que moss. Peire Arnaud de Bearn amenassava de levar merca per Dorde Barta de La Bruguieira costa Caylus e lodit moss. Peire disia que era habitan desta vila e fo escriy al dig moss. Bertran que non era pong desta vila, e non temens que fo pres lo dig Dorde, e de Cadaluenh en foras anec a Buset que portec letras de moss. Bertran a moss. P. de Bearn que nos tenguez per excusatz, ac del dig biatge per anar a Cadaluenh et daqui a Buset vii s. vi d. (Ibid.) — It paguiey lo dia dessus (xxviii avril) a G. Balinier que portec una letra clausa que trametia los cossols a moss. Guilhem Arnaut de Bearn que era à S. Somplisi, per alcuna merca que mandaco locar sas gens darmas en esta vila, e mendacem lhi que aquel de que se complangua, loqual era Dorde Barta de Caylus, era pres en las barcas de moss d'Albi, ac ne sinc s. (Ibid.) — Autre dépense, le 7 mai, où vint à Albi moss. Frotier pour exposer ce qu'il demandait per la merca de Dorde Barta de Labruguieyra, et les consuls ordonnèrent qu'on lui envoyât 2 molas de vin (fol. 48.) — Au sujet de la susdite chevauchée, faite sur le territoire d'Albi le mardi de Pâques, on lit sous la date du 25 mai que B. Estève Pélicier se trouvant alors à Carcassonne, fo de cossell que anes a Mazeras, quar lo comte avia promes a l'autre etatge (sans doute en avril, voir ci-dessus note 35.) de satisfar los dampnatges que aviau donadas sas gensdarmas lo mars de Pascas ; led voyage dura 8 jours, à 15 s. par jour. (Compt. f. 77.) — Délib. de 1381, 2 juin. Sus aisso que (les consuls) dissero que Me J. Provenquier avia faxa atselsa trabalha per recobra los bestials que foro prezes per las gensdarmas de moss. de Foyss lo mars apres Pascas propta

3

places de sûreté, mais l'on doit même croire que l'arrivée du duc ne fit que redoubler leur audace. Il paraît en effet que le comte d'Armagnac les soutenait encore en juin et juillet, car ce sont, sans nul doute, ces mêmes gens de guerre où du moins leurs compagnons d'armes que ce seigneur soudoyait pour défendre le parti du duc de Berry (46).

Tandis que le Pauco de Lantar (47) est à Gaillac, le 9 juin, au service du comte de Foix, le 19, Bénazet, qui était attaché au parti des Armagnacs, occupe avec ses troupes Trébas et autres lieux, sur les frontières du diocèse, et le 24, les documents citent, comme logés aux faubourgs d'Albi, un certain nombre de gens d'armes (47 bis), peut-être ceux de l'armée du duc de Berry et de ses partisans, que l'on retrouve en tout cas le 30 devant Gaillac. Au mois suivant, le 7 juillet, les Anglais de Thuriès menacent de brûler les blés et d'arrêter les habi-

passadas, desquals travails il demandait son salaire, est délibéré qu'il en sera payé. *It sus aquo que diss en B. Esteve Pelicier que el era anat a moss. de Foyss elhi avia explicats los dampnatges que aviau donats las gens d'armas de la presa del bestial que aviau pres lo mars apres Pascas e lo dig moss. de Foiss avia escrig una letra a moss. Guilhem Arnaut de Bearn que el lo cofermes de la presa del dig bestial ni quant era so que era estat fiat quar el no volia que el perdes re, laqual letra lodig en B. Esteve avia encaras decos si. E aponchat que lodig en B. Esteve que avia seguit la causa porte la letra aldig moss. Guil. Arnaut a que los despens que se faro ni s'en sou fega se pago, de so que hom ne cobraria so se son cobrava, e se re no s'en cobrava que aquels de qui era lodig bestial pago lodig despens a laqual causa tots aquels que foro en lo presen cossclh que aviau bestial en la dicha presa cossentiro* (BB. 16.). — Compt. 155. f. 77. *It paguiey a iii de jun an Bernat Esteve sobradig que anec a S. Sompliri per portar letras a moss. Arn. G. de Bearn que lhi trametia lo comte de Foiss e lhi mandava que lo sortifiques del dampnatge que aviau pres las gens desta vila a la cavalgada que aviau facha sas gensdarmas lo mars de Pascas, quar, aguda sa certificacio, et dizia que ho satisfeira, estec ii jorn a xv s. per jorn.*

Arn. Guill. de Bearn, cité ci-dessus avec Pierre Arnaut, était un des principaux capitaines de Gaston. Froissard nous apprend que ce chevalier et Pierre de Bearn, tous deux frères bâtards du comte de Foix, investirent sur son ordre, en 1376, la ville de Cazères, (Cazères de Marsan), sur l'Adour, et non sur la Garonne, d'après Del Verms, p. 586, de l'Edit. Buchon où les Armagnacs furent forcés de capituler; Arn. Guill. reparait en 1389 que Gaston le chargea de livrer Jeanne de Boulogne aux envoyés du duc de Berry. Quant à Pierre. Arnaud de Bearn il ne doit pas être confondu sans doute avec le chevalier du même nom qui occupait en 1376, pour le prince de Galles, le château de Lourdes, et qui quoique cousin du comte Phœbus fut arrêté et blessé mortellement par ce prince. Son homonyme, comme le montre D. Vaissète, vivait encore en 1399. Voyez Froissard, liv. III, Del Verms, p. 586, et D. Vaiss. VII, aux renvois de la table pour le nom des De Bearn.

(46) Conférez, en effet, D. Vaiss, VII, 578 579 et aussi 818, avec Mém. de M. Baud. 375, 376, et avec l'Extrait de M. del Verms que nous donnerons plus loin en parlant du combat de Rabastens.

(47) Voir sur ce chevalier D. Vaiss, 306, 318, Compayré, 326, et *Annuaire du Tarn* pour 1874, p. 345.

47 *bis*) Délib. du 9 juin. *Sur ce que les consuls disent que le Pauco de Lantar avia trames i escudier als cossols desta vila am una letra de crezensa laqual crezensa es que lo Pauco pregava que hom lo volgues procezir de qualques viures quar el era a Galhac am certa quantitat de gens d'armas per mosenhor de Foiss, losquals no podiau be aqui biure ses secors del pays, fo aponchat que atendut que hi a ganre d'autres capitanis e que conrairia que tots n'aguesso que nolht done hom re, mas que se escuze per dilays o en autra manciera aitant quant poyra.* — Comptes, 155. f. 52. Le 19 juin la ville paye un habitant *d'Albanh que venc a Albi du mandement des consuls d'Alban, rapportant que las gensd'armas de Benezey ero alotjadas a Postomi et a Monfranc et a Trevas, e* (lesd. consuls) *mandavo que estessem abisats.* — Lettre close adressée aux consuls d'Albi : « *Nostres cars senhors, sapiats de vert que las campanhias de Benezch, del bastart de Savoya, e del bort de Penilh e d'autres, e que dis hom que so be entorn nos V^ces lansas, losquals devo venir alocgar entorn vos, segon que hom dis, et aqui se devo atrobar entro lo nombre de ij milia bassinots, perque, senhors, stays avisats et avisats totes vostres amics. Lo sanh Spirit sia garda de vos. Scrich a Valensa lo xix de junh. Los tots vostres, los cossols de Valensa.* » Cette lettre fut reçue à Albi le lendemain. (Arch. communales EE. 11.) — Délib. du 24 juin. (incomplète). *Sobre aisso que alcunas gensd'armas ero de presen conguts alotgar als barris de purt....*

tants d'Albi ainsi que leurs bestiaux, si l'on ne conclut avec eux quelque *patis* ou souffrance de guerre; et la ville, tout en refusant d'accepter les propositions de ces ennemis, décide de s'adresser au duc de Berry et au comte d'Armagnac, afin qu'ils remédient aux périls auxquels elle est exposée (48). — C'est peu de jours après que survient le combat de Rabastens, dont nous allons discuter la date et le caractère, en résumant auparavant les opinions des auteurs que nous aurons à contredire.

Pendant que Froissard cite une exécution de 400 routiers à Rabastens, faite sur l'ordre de Gaston-Phœbus, le religieux anonyme de Saint-Denis, auteur de la vie de Charles VI, signale une bataille gagnée par Gaston en personne sur le duc de Berry, sans fixer toutefois la localité ni la date, quoiqu'il ajoute que ces princes les avaient choisis à l'avance afin de se rencontrer. Au contraire, une chronique des comtes de Foix, qui ne date il est vrai que de la fin du xv° siècle, précise l'une et l'autre, et ajoute même d'autres circonstances, en s'exprimant en ces termes : « En l'an 1381, ung duc de Berri vouloit déposer le comte Gaston-Phœbus du gouvernement de Languedoc; et y vint ayant grand nombre de gens, et estoit déjà à Rabastens pour venir faire l'entrée à Toulouse, mais ledit comte Phœbus alla au-devant de lui et par une nuict, jour de la Magdelaine, au fauxbourg dudit Rabastens, il desfist cinq cens hommes dud. duc de Berri, et le feist reculer voulsist ou non. Et depuis fut faict apointement avec le Duc, etc. » Telles sont les sources que D. Vaissète a essayé de concilier entre elles en les faisant concorder avec les actes qu'il avait en main et, entre autres, avec une charte du 26 août, qui nous montre que le duc de Berry, le 16 juillet, après avoir traversé l'Albigeois, et en partant de Revel pour Carcassonne, licencia les gens d'armes que le comte d'Armagnac avait tenus jusqu'alors à son service, et qu'il avait vus lui-même à sa suite et « sur les champs » depuis le 10 juin précédent.

Donnant sa confiance, avant tout, à l'autorité des auteurs les plus rapprochés des événements et ne voulant en repousser aucun d'une manière complète (49), D. Vaissète admet qu'il faut distinguer, dans les mentions ci-dessus, deux engagements militaires dont les circonstances auraient été confondues par la chronique du xv° siècle et plus tard par Andoque, Catel, La Faille, etc. Se basant sur un certain ordre chronologique, qui résulterait du texte de Froissard, il place la défaite des routiers par le comte de Foix à Rabastens, vers la fin de 1380 ou au commencement de 81, et fixe la rencontre des deux princes, non plus à Rabastens, ni le 22 juillet (puisqu'à ce moment le Duc de Berry avait congédié son armée), mais auprès de Revel et antérieurement au 16 juillet, époque où nous voyons qu'il avait encore ses soldats auprès de lui. De cette façon, on ne se heurte plus à la difficulté de ce licenciement des troupes du 16 juillet, qui serait inexplicable en adoptant, pour le combat concerté à l'avance entre les deux princes, la date du 22, et d'un autre côté, le récit de la chronique du xv° s. est respecté quant au fond, sinon en ce qui concerne la date et le lieu. Bien que ce système ne soit pas exempt de côtés faibles nous reconnaissons qu'il pouvait sembler le plus sage et le plus plausible à l'époque de D. Vaissète, mais il nous paraît évident qu'il ne l'est plus aujourd'hui où il est permis de restituer les faits d'une toute autre

(48) Sur ce que *los Engles de Turia apiau amenassat que els ardero los blatz et aprionero las gens els bestials e donero totz los dampnatges que poyriau seno hom se apatue am lor, per que* (les consuls) *demandero conselh se on feira patu am lor o no,* etc. Quant al *patu dels Engles tengro que fassa hom ponh de patu, mas que hom seguisca am moss. lo duc et am moss. d'Armanhac que nos hi meto provesio que no sian damneiatz per los dig Engles* (Délib. du 7 juillet).

(49) Voir la Dissertation de D. Vaissète, dans ses Notes (VII. p. 423 et suiv.)

manière, par suite de la découverte de nouveaux textes.

L'un de ceux-ci est une enquête faite dans le pays, à l'époque même des événements, et dont l'autorité ne saurait être mise en doute. Le 2me, qui n'est autre que la chronique de Miq. del Verms, est dû, comme nous l'avons vu, à un historien que l'on peut dire presque contemporain, qui fut en même temps le rédacteur du cartulaire des archives comtales, et qui nous a laissé un historique très-détaillé de la vie de Gaston. Par son origine, aussi bien que par la concordance qu'il nous offrira bientôt avec les actes les plus authentiques, ce texte doit encore avoir le pas sur tous ceux que D. Vaissète a allégués, principalement sur l'œuvre du religieux de Saint-Denis, qui était écrite loin du théâtre des événements et n'était pas dressée certainement avec les mêmes facilités de contrôle.

Enfin, un troisième document, qui devrait avoir encore plus de crédit que les deux précédents, s'il n'était pas incomplet se trouve dans une Délibération du conseil d'Albi, du 4 décembre, où Yvan de Béarn, demandant à la ville un secours d'argent pour remonter ses cavaliers, rappelle, comme justification de sa demande, que c'est pour la défense du pays et notamment au combat de Rabastens que lui-même et ses gens d'armes ont perdu ou détérioré leur armement et leurs chevaux. Il s'en est fallu de peu que ce passage que nous recueillons aujourd'hui si avidement n'ait été perdu pour l'histoire ; car le scribe avait à peine écrit les quelques mots qui le composent, que trouvant ce détail inutile, il le raturait et reprenait la phrase en modifiant le tour de sa pensée. Heureusement, la rature laisse lire très-nettement les mots qu'elle recouvre, et même nous permet de suivre l'idée que le scribe n'a fait qu'indiquer à moitié. Nous traduisons ici ce passage, en mettant entre crochets les mots biffés : « Il a été exposé au conseil que Yvan a fait savoir aux consuls que [en la venue que firent les gens d'armes qui prirent devant Rabastens Bénazet et d'autres gens.....] lui et ses compagnons sont mal montés, à cause des pertes qu'ils ont éprouvées dans les guerres faites pour la défense du pays. » (50)

Quant aux deux autres documents, voici également leur traduction où nous avons essayé de serrer de très près le sens des textes originaux. Extrait de l'enquête : « Il fut prouvé que tandis que Bénazet et autres capitaines des compagnies continuaient de ravager la terre royale de Languedoc, dévalisant les sujets du roi, brûlant leurs maisons, et commettant une foule d'autres violences dans les deux sénéchaussées de Toulouse et de Carcassonne, le même Bénazet essuya une défaite et ses gens furent pendus à Carcassonne, par les officiers royaux de la sénéchaussée. Alors que journellement ces divers chefs de routiers commettaient des dévastations dans le domaine de la couronne et à une époque où ils se trouvaient devant le lieu royal de Rabastens, dans la sénéchaussée de Toulouse, *et cum essent ante locum regium de Rapistagno senescallie Tholose*, Aimery (de Rochefort) avec d'autres gens d'armes du comte de Foix, anglais et français, remporta sur eux une victoire, et délivra ainsi le pays des ravages de ces capitaines, qui étaient soutenus par le comte d'Armagnac, et au moyen de son intermédiaire, par le duc de Berry. » (51)

Extrait de la chronique : « Pendant le délai (fixé pour l'entrevue du comte et du duc. Voir ci-dessus), la semaine avant le lundi 22 juillet,

(50) Délib. du 4 décembre 1381. *Dissero los cossols que Iean de Bearn ha trameses dos escudiers e moss. B. Frotier, am letras de cresensa à lor, laqual cresensa es aital que losdigz escudiers han dig aldigs cossols que lodig Ioan los saluda e fa lor a saber que [en la benguda que feiro las gens d'armas que preiro devan Rabestenxs Benezeg e d'autras gens] e [p] e sos companhos so mal a caval quar las guerras seguen la deffensa del pays ho avian perdut*, etc.

(51) Voir le texte dans le Mém. précité de M. Baudouin. p. 375.

jour de la Madeleine (c'est-à-dire du dimanche 14 juillet, au dimanche, 21 dudit mois), les gens du Duc de Berry coururent en Lauraguais, en se livrant au vol et au pillage, et s'en retournèrent avec leur butin jusqu'à Rabastens d'Albigeois. Là ils furent atteints le dimanche 21 juillet, veille de la Madelaine (52), par les gens du comte de Phœbus, du captal de Buch, du sire de Duras, par les Foixiens et les Béarnais, par le comte d'Ausonne, par le comte de Cardonne, par Roger de Paillas et par Tristan de Castelbon (53), et, au faubourg de Rabastens, à l'heure du soleil levant, ils en vinrent aux prises. Il y eut un grand combat et un grand nombre de morts. Les gens du duc de Berry y furent vaincus et il périt de leur côté 700 hommes d'armes et 2,000 pillards. On s'empara de 7 pennons (53 bis) du duc de Berry qui furent portés au comte de Foix, à Mazères, où on amena en même temps à ce prince 10 capitaines qui avaient été faits prisonniers, sans parler du bâtard de Landorre, tué pendant l'action. Le samedi, 3 août, on conduisit au château de Foix, 2 capitaines, appelés l'un Moss. Tristan et l'autre Nichili, et on les mit au fond de la tour, avec entraves, chaînes et menottes. Les bâtards de Savole et de Cazères furent placés dans le château de Varilles; le Nègre de Valence, avec les principaux de sa troupe, furent envoyés au château de Pamiers, et un capitaine du nom de Bénazet, ainsi que sa bande, fut enfermé à Mazères. » (54).

Du premier coup, ces deux documents nous donnent la clé des confusions de lieu et de date qui ont soulevé les soupçons de D. Vaissète, au sujet de la chronique du xve siècle. Ce ne sont pas le comte et le duc qui assistèrent au combat de Rabastens, mais ce sont les officiers du premier et les partisans de son compétiteur. Les trois textes sont d'ailleurs entièrement d'accord, non-seulement pour fixer le théâtre de l'engagement à Rabastens ou tout auprès, mais l'un d'eux l'est de plus avec la date indiquée par la chronique du xve siècle, et les deux autres s'adaptent également à cette donnée, quoique d'une manière moins précise. Montrons maintenant que, loin d'être en contradiction avec les sources authentiques déjà connues, ces documents ne font presque constamment que les justifier, et les éclairer d'un nouveau jour.

En ce qui touche, par exemple, à l'acte déjà cité qui constate le renvoi des troupes du comte d'Armagnac, fait à Revel par le duc de Berry le 16 juillet, on reconnaît aisément, dans ces mêmes soldats, les routiers dont parle la chronique et que d'Armagnac employait en effet, ainsi que le dit l'enquête ; on comprend d'ailleurs aussitôt que ces troupes ne recevant plus de solde se soient mises à ravager les environs de Revel, c'est-à-dire le Lauraguais ; enfin on s'explique qu'en se retirant de là en Albigeois, elles aient été poursuivies par les troupes du comte de Foix, chargé de protéger les habitants contre les exactions des compagnies, et qu'ayant été atteintes à Rabastens le 22 juillet, leur déroute complète

---

(52) En 1381, la lettre dominicale F tombe le 21 juillet, ce qui montre que le 22 juillet, jour de la Madeleine, est bien un lundi, comme le porte la chronique.

(53) Presque tous ces noms se retrouvent dans D. Vaissète (voir aux renvois de sa table, tome vii), et cet auteur montre qu'ils appartiennent effectivement à des partisans de Gaston. On sait que le captal de Buch était alors un seigneur gascon de la maison de Grailly. Cardonne, Paillas et Castelbon étaient des terres situées de l'autre côté des Pyrénées, de même qu'Aussonne, comté ou vicomté de la Catalogne.

(53 bis) On sait que les pennons avaient une forme triangulaire qui représentait la moitié du carré de la bannière ou gonfanon coupé en diagonale. Boutaric, *Inst. milit. de la France*, p. 301. Viollet-le-Duc, *Diction. du Mobilier*, vol. v et vi, aux mots : pennon, gonfanon et bannière.

(54) Sans insister sur les noms de ces chefs de bandes qui nous sont déjà connus, ajoutons que D. Vaissète cite aussi le Nègre de Valence, dans une liste de gens d'armes normands de 1374 (p. 553.)

soit venue marquer, à cette époque seulement, la délivrance du pays.

Pour les auteurs contemporains, on peut remarquer que le récit de Froissard ne fait que résumer à grands traits la physionomie des événements, plutôt qu'il n'a la prétention de s'astreindre à la rigueur d'un tableau chronologique. Mais, pour ne pas fournir des chiffres précis, que l'auteur ne connaissait pas sans doute exactement, il n'est pas à dire que cette narration intervertisse l'ordre des événements donné par M. del Verms. Il est facile en effet d'arriver au même résultat que ce dernier en cherchant des indices de date, non dans un membre de phrase isolé, comme le fait D. Vaissète, mais en considérant plutôt l'ensemble du passage qui est relatif aux mêmes événements. Lorsque Froissard écrit que le duc de Berry *prit en grand déplaisir ces nouvelles*, ce n'est pas à la bataille de Rabastens qu'il fait allusion dans ce dernier terme, mais bien certainement aux divers événements qui composent la prise du gouvernement de Languedoc par le comte de Foix, que l'auteur vient de raconter plus haut, au début de la phrase précédente. Si la mention de l'exécution des routiers à Rabastens est passée ici entre les deux membres d'une même suite d'idées, c'est seulement par suite de l'enchaînement des faits, et non à cause de l'ordre des dates. Il n'est donc pas nécessaire, pour les besoins de notre cause, de chercher dans un passage de l'historien une inexactitude formelle, et qui au reste, en ce cas, ne serait qu'une méprise entre bien d'autres qui se trouvent dans le même ouvrage. Le récit de Froissard, sans que l'on puisse y découvrir une contradiction que le système de D. Vaissète pourrait indiquer, se conforme véritablement à la chronologie qui nous est déjà connue par d'autes textes. — Quant à l'anonyme de S. Denis, nous n'avons pas à nous occuper pour le moment de son témoignage, puisqu'il met en présence les deux princes, sans fixer la localité ni l'époque, et que rien ne nous prouve qu'il ait fait la confusion qui se révèle si clairement chez d'autres auteurs d'après ces deux circonstances. Nous examinerons seulement un peu plus loin si, même dans son hypothèse, son affirmation est recevable.

On voit donc qu'aucun des monuments ou historiens anciens ne vient confirmer précisément le système de D. Vaissète, et qu'ils s'accordent tous au contraire avec la narration de Miq. Del Verms et avec les deux ou trois autres documents auxiliaires. Il n'y a pas de doute pour nous, après cela, que ce combat de Rabastens, livré en particulier contre les routiers, ne soit le même que celui que tous les auteurs postérieurs ont mentionné, en en faisant un événement appartenant en propre à la querelle du duc et du comte. Ces historiens, ayant perdu sans doute le souvenir du véritable sens de cette action, et voyant à cette époque l'histoire du pays pleine des démêlés de ces deux prétendants, n'auront pas voulu ou pu distinguer une seconde guerre de police intérieure, qui venait s'intercaler ici dans la grande querelle politique, et trouvant un champ de bataille, où figuraient précisément des troupes et des chefs appartenant ou ayant appartenu aux deux partis, ils auront placé sur ce lieu le choc sanglant destiné à trancher le sort de leurs causes. C'est ainsi que la mêlée de Rabastens sera devenue une bataille ayant pour but d'arrêter la marche du duc sur Toulouse et en même temps une rencontre où ce même prince et le comte se seront combattus l'un et l'autre en personne (55).

(55) On a reproduit même par la gravure le prétendu combat des 2 champions à Rabastens, car nous trouvons dans la *Bibliothèque histor. de la France*, du P. Le Long (tome IV, appendice, p. 26) la mention de l'estampe suivante : « 1381. Bataille de Revel, ou Rabastens, entre le duc de Berry et le comte de Foix, le 16 juillet : Cazes inv. Cochin, sculps. » Il paraît toutefois, d'après le nom de ses auteurs, que cette gravure n'est autre chose que l'une des vignettes qui ornent l'édition originale de l'*Histoire de Languedoc*, et dont on possède en effet des tirages à part.

Mais si le combat de Rabastens n'a pas eu ce caractère que nous lui refusons, un combat politique n'a-t-il pas pu avoir lieu, sinon à Rabastens, du moins sur un autre théâtre et à une autre date, choisis même peut-être par les deux compétiteurs qui s'y seraient donné rendez-vous pour mesurer leurs forces. D. Vaissète, qui n'a pas hésité à l'admettre, a pu s'appuyer d'abord sur la chronique anonyme de Charles VI, et ensuite sur les auteurs postérieurs du xve s. et des époques suivantes; toutefois comme nous venons de montrer que chez ces derniers la mention d'un combat avec de telles circonstances tirait son origine d'une fausse interprétation de l'affaire de Rabastens, il en résulte que nous n'avons plus à examiner que la valeur de l'historien anonyme.

Le témoignage de ce contemporain, bien que se trouvant isolé, serait sans doute difficile à réfuter, si par bonheur le même historien n'avait fourni déjà quelques prises à la critique (56), et si nous ne pouvions lui opposer les dires absolument contraires de deux autres chroniqueurs, qui écrivaient aussi vers cette époque. En effet, Froissard lui-même et le continuateur de G. Nangis montrent évidemment que les différends des deux prétendants purent bien amener des levées de gens d'armes qui entrèrent en campagne, mais que, sans dégénérer en bataille, les hostilités furent arrêtées par les négociations et les troupes retirées ou licenciées. Transcrivons les termes de ces deux auteurs, dont le récit est conforme à celui du chroniqueur de Foix, et rappelle d'ailleurs exactement, dans ses formes concises, les diverses phases de la querelle. Après avoir appris la révolte du comte de Foix et son immixtion dans le gouvernement du Languedoc, le duc de Berry, ajoute Froissard, « envoya gens d'armes au pays, mais ils furent durement reculez et repoussez des gens du comte de Foix, et tant qu'il les convint retraire, voulsissent ou non, ou ils eussent plus perdu que gagné. De cette chose s'enfélonna le duc de Berri et disoit que le comte étoit le plus orgueilleux du monde et n'en pouvoit ledit duc ouïr parler en bien devant lui ; *mais point ne lui faisoit la guerre :* car le comte de Foix avait toujours ses villes et ses châteaux si bien pourvus que nul n'osoit entrer en sa terre ». L'autre témoignage est encore plus catégorique : le duc de Berry étant venu en Languedoc pour prendre possession de cette province, où le comte Gaston lui était opposé, « trouva grans désobéissances en plusieurs villes ; et furent sur le point de combattre ensemble lui et le comte de Foix ; *mais certain traitié fu fait entr'eulx, par lequel la bataille demoura.* »

Un argument d'une force non moins puissante et qui n'a pas échappé à La Faille se tire du silence que gardent, sur le combat raconté par l'anonyme, tous les autres monuments historiques et en particulier les historiens locaux et les biographies des deux princes. S'il devait y avoir un fait saillant, dans le démêlé du duc et du comte, ce serait leur rencontre sur un champ de bataille et la victoire de Gaston, qui constituerait alors le plus glorieux exploit de ce prince célèbre. Or, peut-on admettre qu'un événement aussi éclatant n'eût été relevé ni dans les vieilles annales de la région, ni par Espaing de Lyon, attaché à la suite de Gaston et qui instruit Froissard sur les guerres du midi, ni par M. Del Verms, si attentif à exalter les faits d'armes de cet ancien seigneur de son pays. Tandis que le combat des comtes d'Armagnac et de Foix, près de Launac, est signalé dans divers actes et obtient une place jusque dans la chroni-

(56) D. Vaiss. vii. 427. 326. — Mém. de M. Baud. 365. 366. — Biblioth. de l'Ec. des chart. ii. p. 64. 65. (article de M. Lacabane). Nous n'ignorons pas que M. Bellaguet a édité le texte latin de la chronique du religieux de St-Denis, que l'on ne connaissait auparavant que par la traduction inexacte de Le Laboureur; mais telle est la pénurie de livres à laquelle on est soumis lorsqu'on travaille, comme nous, à la campagne, que nous n'avons pu encore consulter cette publication, qui appartient cependant à la série assez répandue des *Documents inédits sur l'Histoire de France*.

que consulaire de Montpellier (57), peut-on admettre que ni cette même chronique, pas plus que celle du Capitole, ni les comptes et autres documents compulsés par D. Vaissete, ni ceux que nous avons dépouillés à Albi et ailleurs, n'eussent conservé la moindre allusion à une affaire aussi capitale que l'aurait été la défaite du duc de Berry. Peut-on l'admettre, surtout alors que le combat secondaire de Rabastens trouva cependant sa mention dans la plupart de ces mêmes séries de sources, et produit même un écho qui va comme en grandissant à travers les siècles. Il n'y a qu'un moyen d'expliquer le silence des auteurs et l'apparent oubli des monuments diplomatiques : c'est de reconnaître que le combat des deux princes résulte d'un malentendu ou d'un mensonge de l'anonyme, et constitue en tout cas une fausseté qui s'est glissée plus tard chez les historiens plus récents. Ainsi que nous l'avons dit, l'on comprend assez qu'à mesure que l'on s'éloignait de l'époque des événements, l'erreur involontaire ou l'interpolation devenait possible et facile, surtout en présence du combat de Rabastens, dont le véritable sens se prêtait aux confusions. Il n'est pas même défendu de soupçonner que quelques écrivains ont saisi avec empressement ce moyen d'intéresser le lecteur, en ajoutant un fleuron de plus à la couronne de gloire du héros le plus brillant de leurs chroniques.

Comme dernière remarque, qui peut encore plaider en faveur de notre opinion, nous ajouterons que, parmi les sources nombreuses que nous possédons, pas une seule ne mentionne à la fois les deux événements militaires distingués par D. Vaissete. Les relations, qui admettent la défaite des routiers, ne parlent pas d'un combat entre les deux princes comme d'une action différente ; ceux qui citent au contraire cette dernière mêlée ne font aucune allusion à un deuxième combat livré contre les routiers. On

(57) D. Vaiss. en Addit. Du Mège, p. 91.

doit reconnaître dans ce fait, une coïncidence qui ne peut guère se justifier si on ne la fait dériver d'un engagement unique, différemment rapporté, selon le courant d'opinion adopté par chaque auteur. Cet argument, tout accessoire qu'il est, a encore sa force probante en faveur de la cause pour laquelle nous plaidons, lorsqu'il s'ajoute surtout à tous ceux que nous avons déjà discutés.

En résumé, nous voyons que l'on doit reconnaître qu'il n'y eut à aucune époque un combat politique ou autre, entre le Comte et le Duc, soit à Revel, soit à Rabastens ; mais auprès de cette seconde localité, et le 21 ou le 22 juillet, jour de la Madeleine, les troupes du comte de Foix surprirent les routiers que le duc venait de licencier à Revel et les battirent complètement. Il est d'ailleurs assez vraisemblable que cette action n'eut pas lieu sur le territoire même de Rabastens, mais plutôt dans la plaine limitrophe de Couffouleux, dépendante de la sénéchaussée de Carcassonne et du domaine particulier du comte de Foix (58). Ce seront là les conclusions

(58) On lit dans les Notes sur S. Sulpice, écrites vers le commencement du siècle dernier (Bibl. Nation. collection de Languedoc, tome XXI) : « Il y eut, dans la plaine de Coffolcux, une bataille en 1381, entre Jean duc de Berry, gouverneur de Languedoc et le comte de Foix ; le duc fut battu et se retira dans le château de St-Sulpice, et Morry de Cousin, qui estoit gouverneur du château, fit couper le pont dont les masures subsistent encore, sur la Rivière de l'Agout, pour arrester les poursuites du côté de Foix après la bataille. » Certes, nous ne voulons pas nous porter garant de toutes les assertions de cet extrait, cependant nous n'oublions pas que les mêmes notes qui le renferment offrent plusieurs renseignements exacts sur l'histoire de St-Sulpice, et il se pourrait bien qu'en ce qui concerne l'emplacement d'un combat, particulièrement intéressant pour cette localité, le passage ci-dessus reposât sur quelque tradition ou quelque document digne de foi. Il est possible de présenter quelques remarques qui peuvent en effet servir à justifier cette manière de voir. Ainsi, en rapprochant l'enquête déjà rapportée du texte de Froissard, on peut faire coïncider la défaite de Benazet près de Rabastens avec l'arrestation des pillards qui furent pendus à Carcassonne, et pour justifier alors

de notre long examen, et nous espérons les avoir appuyées sur assez de preuves, pour qu'on puisse les adopter désormais sans répugnance.

§ 5.

SUITE DES NÉGOCIATIONS A PARTIR DE SEPTEMBRE 1381, ET TRAITÉ DE PAIX ENTRE LES DEUX PRÉTENDANTS VERS LA FIN DE L'ANNÉE.

Aucun document ne nous apprend positivement si le combat de Rabastens eut quelque influence sur la marche des négociations, bien qu'il nous paraisse très-admissible que ce brusque événement ait apporté quelques troubles dans les propositions d'accord, en augmentant, par exemple, les prétentions du comte. Dans tous les cas l'*Histoire de Languedoc*, qui admet la bataille entre les deux princes et le succès de Gaston, exagère certainement la portée des faits, parce qu'elle déplace sans doute leur date véritable et antérieure, lorsqu'elle montre le duc de Berry cherchant depuis à prendre sa revanche en recourant aux hostilités, au moins pendant quelque temps, et en s'efforçant jusqu'à la fin de l'année de nuire par les voies les plus violentes à la cause de son antagoniste (59).

La chronique de Del Verms, dont le récit retrace des circonstances d'un aspect beaucoup plus réel, par leur caractère et leur précision, ne rapporte rien de semblable, et nous montre tout au plus des négociations laborieuses, mais toujours pacifiques et presque amicales. Sous la rubrique qui annonce « la paix et l'accord du comte Phœbus avec le duc de Berry » ce document s'exprime en effet en ces termes : « L'an 1381, le 4 août, Mgr le comte de Foix, accompagné de 2,000 hommes d'armes partit de Mazères pour aller en conférence avec le duc de Berry ; et tandis que celui-ci se logea à Couiza, qui appartient à l'archevêque de Narbonne, il s'établit lui-même sur la place devant Limoux. Le jeudi d'après (8 août) ces deux princes se réunirent dans l'église de Notre-Dame de Marseille (60) où ils firent grande fête, conclurent leur paix, et pendant la messe, communièrent en partageant ensemble la même hostie. Ils convinrent aussi de se trouver dans quinze jours à la Pomarède (60 *bis*) pour s'accorder sur le gouvernement de la province, mais cette réunion n'eut pas lieu. Le lundi suivant, 9 septembre (61) le duc de Berry se rendit à Mazères, auprès du comte de Foix, qui alla à son devant jusqu'à C..., lieu où ils se rencontrèrent, et s'accueilli-

l'exécution de ces malfaiteurs dans cette dernière ville, il faut admettre que leur capture avait été faite dans la sénéchaussée dont elle était le chef-lieu ; ce qui se rencontre fort bien lorsque l'on choisit Confoulcux pour théâtre du combat. Ce territoire est d'ailleurs en face de Rabastens, de la sénéchaussée de Toulouse, condition qui répond fidèlement aux expressions des documents *ante locum de Rapistagno*, *devan Rabestenx*, et même, à notre avis, aux termes des chroniqueurs de Foix, *al bari* ou au faubourg *de Rabastenx*, puisque la plaine en question n'est séparée de cette ville que par la rivière, et peut être considérée comme une de ses dépendances. Au surplus si l'on admet qu'en se dirigeant du Lauragais vers l'Albigeois, les routiers aient traversé l'Agoût dans son cours inférieur, on sera amené à fixer cette traversée à St-Sulpice, seule localité qui eut alors un pont sur l'Agoût, et il n'y aura pas de difficulté pour s'expliquer par suite leur présence dans le territoire de Coufouleux. Quant à la démolition du pont qui aurait été la conséquence du combat, un autre document laisse soupçonner qu'elle était déjà arrivée avant 1407, on sait que l'édifice était certainement abattu en 1556, où les habitants de S. Sulpice sollicitaient de la sénéchaussée un secours pour sa reconstruction, tandis que le syndic de Gaillac réclamait la préférence pour le rétablissement du pont de cette seconde ville, détruit également à ce qu'on croit, vers la fin du XIVe siècle (Archiv. de la Haute-Gar. Délib. de la sénéchaussée de Toulouse. C. 955.)

(59) D. Vaiss, 308 et suiv.

(60) On sait qu'un prieuré du nom de N. D. de Marseille, se trouvait en effet près de Limoux.

(60 *bis*) Ce lieu, situé entre Revel et Castelnaudary était une seigneurie d'Aimeric de Roquefort, un des vainqueurs de Rabastens et des familiers du comte de Foix.

(61) La lettre dominicale de 1381 tombant le 8, le 9 est exactement un lundi.

rent avec beaucoup de réjouissance. Après quoi ils vinrent ensemble à Mazères, et le comte se logea à Lagrange. Celui-ci offrit grande fête et grands honneurs au duc, et ils se séparèrent amis et en bon accord. »

Cette relation qui paraît exacte dans les détails qu'elle rapporte est incomplète, en ce sens qu'elle ne suit pas jusqu'à la fin la lutte des deux prétendants. Nous pouvons puiser ailleurs des témoignages certains qui montrent à la fois sa véracité pour les faits qu'elle contient, et son insuffisance pour ce qui touche les derniers arrangements de la querelle. Ainsi les comptes et les délibérations de la ville d'Albi, d'accord avec Del Verms, citent l'entrevue du duc et de Gaston à Mazères, pendant le mois de septembre, et montrent que les rapports des deux compétiteurs, qui chacun de leur côté réclamaient encore au pays certains subsides (62), s'étaient alors considérablement améliorés (63). Néanmoins le règlement des diverses difficultés, tout en offrant toujours les mêmes caractères de courtoisie réciproque, n'était pas terminé en novembre. Le 26 octobre les deux députés, choisis par la ville d'Albi, se rendirent de nouveau à Mazères où le comte Gaston avait convoqué encore une fois les trois sénéchaussées, et ils y restèrent jusqu'au 16 novembre. Durant cette assemblée, ces députés demandèrent à leurs concitoyens d'approuver l'union projetée entre toutes les communes de

(62) Le 3 août le duc de Berry étant à Carcassonne, ordonna la levée d'un franc par feu, ce qui ne fut toutefois effectué, au Castelviel d'Albi, qu'en 1384 (*Invent. Somm. des Arch. d'Albi* II. 39.) D'après D. Vaissète, VII. 311, le comte de Foix réclamait aussi une gabelle sur le sel, que les députés de Montpellier et autres, en septembre suivant, refusèrent d'imposer.

(63) Voici d'abord l'indication d'une assemblée tenue à Carcassonne par le duc de Berry : *It. paguiey a xvi de setembre an Berthomieu Prunet que anet a Carcassona al cosselh mandat per mossen de Beri, e per tener la jornada contra senh. G. Golfier. etc. e venc a xxii de setembre; estec vii dias a xii gros per jorn*, 6 liv. 5 s. (CC. 156. f. 38.)

Quant à ce qui est de la réunion des deux princes et encore du comte de Foix avec les communes, nous avons en premier lieu le saufconduit délivré par le duc de Berry aux consuls d'Albi pour se rendre à l'invitation de Gaston qui les avait appelés auprès de lui : « Jehan, duc de Berri, lieut. de mons. le roi en tout le pays de Languedoc à tous capitaines de gens d'armes, gardes de portz e de passaiges et autres officiers qui ces letres verront, salut. Comme nostre frère le comte de Foix ait escript aus consuls et habitans de la ville d'Albi que ils envoient parler a lui 2 ou 3 personnes notables, pour eulx et toute la viguerie, pour eulx exposer aucunes choses touchant led. païs de Languedoc, au xxii jour de ce présent moys de setembre, nous vous certifions que il est en nostre gré et voulenté que ils vieignent par devers nostre dit frère aud. jour, et leur en donnons par ces présentes congié et licence. Si vous mandons que les messaiges et autres, ordonnés de par lad. ville et viguerie venir devers mondit frère à la dicte journée, portans ces présentes, vous lessez aler, demourer, passer et retorner sauvement et seurement, sans leur meffere ou souffrir estre meffait en corps ne en biens.... mais leur prester conseil et secheurté. Ces présentes après le XXIX jour de ce mois de septembre non valables. Donné a... (une déchirure a emporté la date du lieu) souz nostre scel, le XIII jour dud. mois de sept. L'an mil CCC quatre-vingt et ung. Par M. le Duc et lieut. M. de Sancerre et mess. Symon de Cramaut presens. De Masle. » (Archiv. d'Albi, EE 12). — Comptes d'Albi. 156, fol. 38. Payé le 16 septembre, à un *mesacgier de moss de Foys que portec letras de part de moss. de Beri e de moss. de Foys que hom bengues al cosselh mandat à Mazeras*. On voit de plus (fol. 38) que le même jour, 16 sept. on paya le voyage de celui qui alla à Paulin et à Sénégats porter copie desdites lettres afin *que fosso cosselh*. — Délib. du 17 sept. A cette époque, comme la ville était sur le point de proposer un traité avec les Anglais de Thuriès ou de se procurer des soldats pour permettre la cueillette des raisins, il fut résolu de ne rien conclure avant de connaître l'issue du conseil de Mazères : *e que encaras non hi clausa hom re am negus; mas que agarde hom lo cosselh que ha mandat lo comte de Foyss a dimergue* (c. à d. le dimanche 22 sept.) *a Mazeras qual aponchamen penra, quar per abentura, atendut que moss. lo duc de Berri et dig moss. de Foiss au agut essemps grand tractat e cosselh, au aponchat qualque causa que no quatrin far acort am los Engles ni aber gensd'armas; per que es expedien que hom demore que lodig cosselh sia tengut.* — Compt. 156. f. 39. Le 23 sept. est payé le messager *que trameyro los cossols a Mazeras, ab letras*, a F. Donac et a D. De Mounac. — Dél. du 24 sept. Sur une lettre de d'Armagnac, les Anglais de Las Planques promettent de ne pas porter dommage aux habitants d'Albi pourvu

la province pour payer en commun les frais et dommages, résultant, entre autres, des événements qui venaient de s'écouler. Comme la ville en acceptant cet accord aurait été engagée à participer aux condamnations encourues par d'autres localités, alors qu'elle croyait n'avoir mérité dans sa conduite aucune amende ou autre punition, elle refusa le 11 novembre d'acquiescer sur ce point au projet d'union. Mais ses résistances avaient peut-être cessé lorsque après avoir pris l'avis de l'évêque et de son conseil, qui donnèrent la formule suivant laquelle l'on pouvait consentir à l'association, on résolut deux jours après d'envoyer, conformément à ce modèle, le consentement demandé (64). Il est qu'on veuille traiter avec eux. *E sus aquo totz tengro que hom tramezes per 1 bon home que seguis lo tractat que volriau que hom lor dones, am una que no clauses re et entro tan auria hom agut qualque sentida qual aponchamen se fora fag al cosselh de Mazeres e se si era fag tal aponchamen que no qualque re pagar, que Dieu hi aia part, seno pueiss aura hom son cosselh cossi se regira.* — Le 27 sept. on paya Chefols que tornec a Mazeras ab letras que trameyro los cossols als sobredigs en Frances et en Domenge ; et le 2 oct. R. Chefols fut encore envoyé auprès de Fr. Donnat et Domenge a Mazères *per portar deniers*. (Compt f. 39.) — Délib. du 21 oct. *Sobre aisso que aqui fo dig e reportat per lo sobredig en Frances Donat loqual dig uns cel una essemps am en Domenge de Monnac era anatz a Maseras al cosselh propda mandat per lo comte de Foiss, diss may lodig Frances que entre las autras causas parladas en lodig cosselh era estat parlat sus lo debat de la demanda que fa moss. lo duc de Berri als comus per las despessas que ha fachas venen darreiramen en lo pays de Lengadoc e per las gensdarmas que te, e que lodig moss. de Berri acia mes lodig debat en lodig moss. lo comte de Foiss, en cas que los comus ho hi vuelho metre....* (la suite de la feuille du registre qui porte cet acte est en blanc).

(64) Compt. 156. f. 41. Payé, le 26 octobre, à Frances Donnat et a Domenge de Monac que anero al segon cosselh de Mazeras e estero tro a xvi de novembre, que so xxii dias, à xii gr. par jour pour chacun, 33 liv. — Délib. de 1381, 11 novembre. Sur ceci, que les consuls dissero que en Frances Donat consul et en Domenge de Monnat, que ero a Maseras al cosselh mandat per lo comte de Foyss, aviau trameza una letra clausa en laqual escrivia que hom lhi tramezes la unio tractada aldig cosselh de Maseras fazedoira entre los comus de Tolosa, de Carcassona e de Belcayre, en la manieira que el la trametia ordenada, en laqual fa mentio que totz losdigs comus se adhunisco en totas despessas e dampnes fachas et fags et fazedoiras et a far ; perque demandero los cossols se hom lhi trametria grossada la dicha unio en la manieira que la ha trameza ordenada. Sus aquo totz dissero e tengro que, atendut que en la dicha unio, en quant que lor semblava, fazia mencio que totz los comus contribuisco en tots los damnatges, fags o fazedors et emendas que per aquels se ensegriau ; et atendut que alcus comus de lasdichas senescalcias aviau per aventura delinquit contra lo senhor de que poyriau issir grandas condamnatios et damnatges de corsses et de bes ; et, atendut que aquels que auriau consentit en la dicha unio e non auriau comeza neguna causa malfacha poiriau esser represes per lo senhor per los malfags que so estatz fagz aitant be coma aquels que auriau comezes los mals sa entras fagz, tengro totz que hom no lor trameta ponh la dicha ratifficacio dels digs articles en forma que en los digs articles es contenguda, seno que en la dicha retifficacio fassa mencio que non es ententa que hom contribuis ni se adunis en las causas entras fachas per qualsque comus que siau. Item tengro may e dissero, que atendut que losdigs Frances et Domenge aviau consentit en alcunas causas en los digs articles contengudas que son mot prejudiciablas e poiriau esser a la presen ciutat, que on revoque so que au fag, lo dig Frances eldig Domenge, ni cossentit sobre aisso que es contengut en losdigs articles que hom contribuisca en los dampnes sa entras fags et emendas per aquels dampnatges fachas et fazedoiras. E may, coma alsdigs cossols non estia ferm que las cauzas dessusdichas per las dichas cominaltatz ordenadas e fachas, aissi quant es contengut en los articles per losdigs comus ordonatz, sian estadas fachas et ordenadas de voler ni de licencia del rey ni de son loctenen, que en aquel cas que non ho seriau ni lo rey no las auria per agradablas losdigs cossols e singulars no consentian en aquelas causas fachas o a far per las dichas cominaltats o per neguna daquelas, seno en aitant quant al rey o a son loctenen plairia. E may protesteron aqui meteiss losdits cossols et singulars, per lor et per los autres comus de la vigaria d'Albi a lor en aquesta cauza adherens, que per las causas dessus dichas fachas o afar per las dichas cominaltats o per una daquelas ni per

rent dès lors aplanis. On peut donc croire que la paix définitive entre les deux princes arriva comme l'indique D. Vaissète, à la fin de 1381 ou au commencement de l'année suivante.

negunas despessas, dampnatges, forfays excesses o autras causas, quals que siau, fags donats o perpetratz, per qualque maniera sia, per las communitatz desusdichas, o per neguna daquelas, no entendo a cosentir ni se obligar a demanda daquelas, senó tant solamen a las causas que daissi enant se faran, ad honor del rey nostre senhor, et de la causa publica, de color et plazer del rey o de son loctenen. E sus aquó los sobredigs cossels e singulars, totz essemps revoquero tot so que per losdigs Frances e Domenge cro estat fag un lodig cosselh ajustat quant locaer en ayso que diz que hom se adunisca e contribuisca en las dampnatges, despesas et amendas fagz faredoiras per las causas en autras per negus dels comus de las dichas dios senescalcius contengas o puis se contenta per la carta per lor autreiada, de laqual avian tramesa copia de laquel revocacio requerrgro, tot losdigs cossels e singulars. vsser fag public instaumen per mi sotzescrioa. Acta sunt hec Albi, anno, die... &c. de 1381, 13 nov. Sur ceci que dissero losd. cossels que Fr. Donat et Domenge de Monnac, lesquels ero a Maseras al' cosselh mandat per lo comte de Foiss, avian tramesa una letra e clausa e may copia dels articles fags et ordenatz per los comtes de las senescalcias de Carcassona, de Tholoza, de Beleaire e sus lo uno furedoira de las dichas senescalcias; en lasquals letras clausas avian escrig als digs cossols que lor tramessesso lu coformacio dels digs articles per instrumen publicz, disserro mas los digs senhors cossols que els avian lenqut cosselh am alcus singulars se hom lor trameteria ladicha coformacio et entra las cauzas contengudas en lodig cosselh, era estat apointtat que hom no parles a moss. d'Albi ni am los gens de son cosselh cosas e en refusia hom, laqual causa losdigs cossols aeign fachanina am d'autres singulars, lasquals senhors, ab es a saber moss. d'Albi e las gens de son cosselh, avian dig que hom fezes ordenar la carta de la revocacio en certa forma laquel lor avian dicha, laqual causa avia facha e puejes ta lor avian nostrada et en apres reotorada. Per que dissero, los sobredigs cossols, et demandero cossells als digs singulars se lor semblaca que deguesso tramotre ladicha ratificacio per insturmen grossal en la manlira que avant facha, laqual jo aqui legida a recitada. E sus aquo tots tengro que losdigs cossols retifico losdigs articles en la manieira contenguda en insturmon ordenal sus la dicha retificacio. E sus aquo los cossols de colutai dels autres singulars dessus digs feiro ladicha ratificacio en la manieira contenguda en insta...

§ 6.

Nouvelles menaces ou exigences des Anglais et des garnisons établies dans le pays. Prolongation des hostilités entre les Fuxéens et les Armagnacs en 1382.

En même temps que les négociations entre les deux princes, certaines hostilités s'étaient poursuivies, et, en ce qui concerne l'Albigeois, la querelle personnelle du comte de Foix et du comte d'Armagnac (65) avait contribué à augmenter les désordres commis par les gens de guerre. Les Français ou les étrangers, sous les dénominations diverses de soldats *du roi* ou *du comte d'Armagnac*, de Foixiens, de Bretons, et d'Anglais, occupaient plusieurs châteaux dispersés de tous côtés, et de là ne se faisaient faute de désoler et d'épuiser le pays, soit qu'ils courussent la campagne et missent les villes à contribution, en leur qualité d'ennemis, soit qu'ils exigeassent d'elles des fournitures, de vivres et d'approvisionnements, comme se prétendant établis sur les lieux pour assurer la défense. Plusieurs de ces troupes de gens d'armes que leur origine et leur nationalité différentes auraient dû mettre en guerre les unes contre les autres, ou du moins auraient dû attirer sur elles la réprobation unanime des princes français, étaient toujours comme soutenues, semble-t-il, par des chefs des deux partis qui se disputaient alors la

turmen aqui meteiss per mi recenbut l'an et dia dessus. Comptes 156, f. 41. Le 14 nov. on paya J. Galh, envoyé par les consuls *per portar letras al sendical per far far uino an Fr. Donat et an Domenge de Monnac*, *trobe los que venio a Vielhmur;* on paya aussi à M° G. Prunot le parchemin qui servit à *grosser la carta de la unio*. — Au commencement du mois suivant nous rencontrons encore un envoyé de la ville à Mazeres, mais nous ne savons avec quelle mission. Payé le 8 déc. sur l'ordre des consuls, à J. Galh *que anec de Mazeras per lo pr la jornada, a Cabestanh contra en Ol Kbrial, e fo raubat, e bolyro per so que avia perdut, illi fosso pagatz v s*. (Ibid. fol. 42)

(65) D. Vaiss. 311.

province, et, par exemple, le comte d'Armagnac, qui demandait des secours contre les Bretons avait lui-même des intelligences avec les Anglais fixés à Las Planques et ailleurs.

Au mois de septembre, les habitants d'Albi, afin de se préserver des empêchements que ceux de Las Planques pouvaient apporter aux travaux des vendanges, résolurent d'entretenir des gens d'armes à leur service, ou bien de faire un accord avec la garnison anglaise de ce lieu, ainsi qu'avec celle de Thuriès; mais ils demandèrent en même temps au comte d'Armagnac son intervention en leur faveur, et nous voyons qu'ils eurent de lui des lettres de protection adressées aux Anglais de Las Planques, et qu'ils transmirent à leur destination (66). D. Vaissète nous

(66) BB, 16. Délib. de 1381, 6 sept. *Sus aisso que moss. de Berri avia mandat per sas letras que hom trameses 1 franc per fuoc que aviau autriat los cossols de Carcassona per gitar los Bretos de la senescalcia, dissero que 1 bom home une à moss. lo duc desusdig per explicar a luy los dampnatges que prendem per los Engles de Turia e de las Plancas e soplegar que hi meta remedi et estiers no cossentis hom a pagar lodig franc per fuoc. — It. paguey a xvi de setembre à 1 home de S. Jueri que benc de part de Johan dels Crots per avisar que los Engles nos deviau core* (Comp. f. 39). — Dél. du 17 septembre. Attendu que monseigneur d'Albi avait dit que l'on prit quelque mesure afin de pouvoir faire les vendanges *quar perilh era que los Engles nos done destorbi que hom no las poques reculhir*, et sur ce, ayant été conféré avec les chapitres de Ste-Cécile et de S. Salvi, il y avait eu divers avis, les uns proposant d'avoir des gens d'armes, et les autres de faire *qualque acort am los Engles que no nos dampnegesso et que nos laissesso reculhir las vendemias*. Il est décidé, pour éviter les dommages desdits Anglais, *que hom fassa tractat am aquels de Turia qual acort poiria hom penre am lor, et issamen que tracte hom quals gens d'armas poira hom aber en esta vila ni que costariau*; néanmoins, ajoute-t-on, on n'arrêtera rien avec personne, mais on attendra la décision de l'assemblée convoquée par le comte de Foix à Mazères, pour dimanche, car peut-être, attendu que le Duc et M. de Foix ont eu ensemble grande conférence, ont-ils décidé quelque accord, par lequel il ne sera besoin ni de traiter avec les Anglais, ni d'avoir des gens d'armes, de sorte qu'il est expédient que l'on attende jusqu'après la tenue de ladite assemblée (Voir le texte, ici traduit, à la note 63). — Délib. du 22

apprend de plus que ce même comte signa aussi en septembre une ligue avec le seigneur de Lescure et son fils, qui s'engagèrent à recevoir dans leur château 100 hommes d'armes, pour guerroyer contre les ennemis de ce prince et contre ceux qui étaient rebelles au roi et au duc de Berry (67).

Peu après, c'est le Pauco de Lantar, se disant du parti du roi, qui notifie à la ville qu'elle ait à lui procurer des approvisionnements, et les habitants, pour éviter les préjudices qu'il aurait

sept. Comme l'on avait déjà décidé que, pour faire les vendanges en sûreté, l'on aurait des gens d'armes ou que l'on ferait un accord avec les gens de Thuriès et de Las Planques, et cela en choisissant le plus avantageux des 2 moyens *(aquo que seria may aprofechable)*, il avait été également résolu, pour payer les frais, d'établir un impôt sur les « saumées et chars portant lad. vandange », savoir: *de cada saumada de car. x d. et de bona bestia vii d. e de bestia sotial v d., et que los cars e las bestias que se logariau* paieraient certaine taxe. Mais on voit par la même délibération que, *sus la imposicio metedoira sus los cars e sus las bestias que se logariau, tengro la major partida, que no lor fassa hom re pagar, quar perilh seria que no san vengesse degus e se s'abeniau fariau ho pagar anaquels que los logariau*. — Dél. du 24 sept. Sur ce que dirent les consuls que *els aviau agudas letras de moss. d'Armanhac que se endressavo an aquels de Las Plancas, en que los pregava que no nos volguesso donar dampnatge, lasquals letras hom lor avia tramezas, et els aviau repost que els no podian estar aqui sus abitalhar lor, e convenria que se els estavo de far negun dampnatge que hom lor dones qualque finansa; per so demandero cosselh, losdigs cossols alsdigs singulars cossi s'en regiria hom. E sus aquo totz tengro qu'on* leur envoyât un prud'homme pour suivre l'affaire, avec réserve de ne rien terminer avant d'avoir quelque nouvelle de l'accord qui aurait été fait à Mazères et de telle résolution qui pourrait y avoir été prise, d'après laquelle on n'aurait rien à payer (ce qu'il plaise à Dieu de vouloir); dans le cas où il n'en serait pas ainsi, on décidera ensuite ce qu'il y aura à faire. — C'est aussi vers cette époque (4 oct.) qu'un envoyé d'Albi *anec doas betz a Turia per quere sal conduch a Penart de Marsac per far alcun tractat per la vila ab aquels de Turia* (Compt. f. 99). Enfin les mêmes documents, à la date du 21 octobre, mentionnent l'envoi de lettres *als Engles de Las Planquas de part de moss. d'Armanhac* (f. 40).

(67) D. Vaiss. vii. 311.

pu leur causer en cas de refus, sont obligés de lui expédier à Rosières, sur la fin d'octobre, et plus tard à la fin de novembre, à Padiès, de l'huile, du sel, des chandelles et du vin. Mais ils refusent toutefois au vicomte de Paulin un secours d'arbalétriers qu'il leur demandait pour attaquer la garnison de La Roque, et ils donnent pour motif de leur décision que la ville n'avait pas encore reçu de dommage de la part de ces gens d'armes, et que d'ailleurs, ceux-ci ayant été établis en ce lieu à la requête de d'Armagnac, c'eût été courroucer ce seigneur que de marcher contre eux (68).

(68) Délib. du 21 octobre. Sur ce que les consuls dirent que lo Pauco de Lantar avoit scrit als cossols d'acesta vila que el era am sos companhos a Rosieiras per lo profieg e per la honor del rey e del pays e que lhi volguesso donar e trametre per la provesio de s. o. de sas gens en oli, sal, candelas e torchas, la soma de xxx francs, per que demandero cosselh, los digs cossols als sobredigs singulars qu'en farian. Sus aquo, tots tengro que, atendut que el e sos companhos pour iau jar et donar grans dampnatges en esta vila e a las gens desta vila, que hom lhi dong e lhi trameta en las dichas provesios entro la valor de la soma de xx franx a fi que non aia caso de far mal al loc ni a las gens desta vila. — Comptes J. 40. Mention de cadaux faits en octobre, par la communauté d'Albi, al Pauco de Lantar quant demoraya a Rosieyras. Voir aussi Inv. Somm. CC. 156. — Dél. du 3 novembre. Sur ce qu'il fut dit, que lo vescomte de Paulinh avia tramesa una letra de crezensa alsdigs cossols pour qu'ils ajoutassent foi aux paroles que Gorgori Corbiera leur dirait de sa part, laqual crezensa qui ditdal que lodig vescomte pregava que hom lhi volgues secorre de tots los balestiers que poiriau tssir desta vila et aquo per dampnejar las gens d'armas que tenian lo loc de La Roqua per que demandero cosselh que devian far. Sus aquo, tots tengro que atendut que las dichas gens de la Roqua no nos an encaras donat negun dampnatge, e so en lodig loc a requesta de moss. d'Armanhac, segon que se dits, e que, se hom hi trametia gens, seria perilh que moss. d'Armanhac s'en corrossos contra la presen ciutat, tengro que hom non hi trameta negun home, ni balestier ni autre. — Dél. du 21 novembre. Il y avait alors 2 jours que les curials de monsgr d'Albi avaient pris J. Clari de La Drecha, qui était de la companha del Pauco de Lantar, sur quoi ce dernier avait envoyé une lettre close aux consuls, portant que el se donava grandas meravilhas que hom lhi presos en etta vila sas gens, faisant allusion à

D'autres demandes sont faites au mois suivant par Yvan de Béarn, bâtard du comte de Foix, qui, attendu que lui-même et ses compagnons étaient mal montés, depuis des pertes qu'ils avaient subies à l'occasion des guerres soutenues pour la défense du pays, faisait appel à la générosité de l'évêque d'Albi et de la ville, et promettait en retour à celle-ci de lui savoir gré du don qu'elle lui accorderait. La ville et l'évêque, afin de mériter les bons services de ce seigneur, lui fournirent par moitié la somme de 50 francs. Vers le milieu du même mois, les habitants d'Albi décidèrent d'assister B. de Barètges, capitaine fuxéen qui surveillait les Anglais, en lui faisant un envoi de vin et de chandelles; et en même temps ils résolurent de contribuer pour un tiers à la rançon d'une sentinelle qui avait été prise par les Anglais de Las Planques (69).

l'arrestation dudit Clari, et les engageant à le faire relâcher par l'évêque, autramen el fora enemic de tu vila. De plus le même capitaine demandait aux consuls de lui envoyer du vin. Il fut délibéré, en conséquence, de prier l'évêque de relâcher Clari per evitar major escandol, et de donner 2 pipes de vin au Pauco, en lui faisant savoir qu'il pouvait envoyer 2 cars pour les faire prendre, quar hom los li trametra cargats. — Les Compt. f. 42. mentionnent, effectivement, l'achat fait par la ville de 2 pipes de vin, transmises au Pauco de Lautar, à Padiès; et ajoutent certaine dépense qui fut occasionnée pour cargar et gitar de la botiga ces mêmes pipes. D'après une délib. du 28 nov. la susdite réponse ayant été faite au Pauco sur sa demande dels vis, les consuls disent que aras de novel aissi que tod Pauco lor avia escrig que el non avia pong de cars ni autres bestias am que trameses guerre lo blque hom lhi bolia donar, mas pregava que hom lolli trameses quar ne tramoira los cars que lolh portero els buous segurs, per so demandero cosselh. Tots tengro que hom lolli trameta.

(69) Délib. du 4 décembre. Sobre aisso que dissero losdigs cossols que Joan de Bearn bastart filh que es del comte de Foyss ha trames des escudiers a moss. Bertr. Froter am letras de crezensa a lor, laqual crezensa es aital que losdigs escudiers han dig alsdigs senhors cossols que lodig Joan los saluda e fa lor a saber que [suit le passage biffé; voir ci-dessus note 50] el e sos companhos so mal a caval quar las guerras segon la deffensa del pays, ho apiau,

Nous avons dit que la paix définitive arriva bientôt après, vers la fin de décembre 1381, ou au mois de janvier suivant, ainsi que le montre D. Vaissète. Mais le pays à ce moment n'était rien moins que pacifié, et les Anglais ou gens d'armes qui avaient tenu la campagne pour l'un ou l'autre parti, l'infestèrent longtemps encore et le plus souvent avec l'assentiment des comtes de Foix et d'Armagnac, dont les vieilles querelles étaient toujours fort éloignées de leur terme.

Ces retards ainsi survenus dans la pacification du pays, après le désarmement officiel du duc de Berry et du comte de Foix, permettent d'expliquer un dernier passage de la chronique de M. del Verms, qui, bien qu'appartenant au Toulousain, peut être rapporté ici, puisque nous puiserons encore dans les Archives d'Albi pour en établir l'authenticité : « L'an 1381, mourut Charles, roi de France, lequel était de vie bonne et honnête (70) et à cette époque la commune de Paris tua beaucoup d'officiers du roi à cause des impositions (71). Cette même année, la dernière semaine de mars, la commune de Toulouse mit le siège devant Buzet, localité dont les Armagnacs s'étaient emparés par le consentement du gouverneur, qui était de Toulouse, et de quelques autres. La place fut prise d'assaut quelques jours après et le capitaine avec ses complices furent tués. De là l'expédition se dirigea sur Corbarieu, près de Montauban, où s'était placé mossen En Menadioc avec de nombreux gens d'armes du parti d'Armagnac et de Comminges, et dans peu de jours ce lieu fut pris par l'armée Toulousaine, mais ceux qui s'y trouvaient dedans s'enfuirent, et l'on ne put que démolir le château. Ladite commune alla ensuite assiéger Bozel (Bourret ?) où étaient des Armagnacs et des Commingeois qui faisaient des courses dans le pays et y commettaient beaucoup de mal ». — Tous ces faits d'armes que l'on serait tenté de rapporter à l'an 1380 du v. st. (1380-81), en admettant une correction indispensable pour la date de la mort de Charles V, et qui concorderaient assez bien avec l'état de guerre où se trouvait alors le pays, appartiennent réellement à l'année 1381 (correspondant à 1382 en n. st.). Nous allons en trouver la preuve dans la mention du siège de Corbarieu, placée en effet sous cette date dans les comptes

perdut e que lor pregava que lhi volguesso donar et ajudar de que pogues ajudar a si et a sos companhos e que fezesso en maniera que fos lor honor, et el que no agues profieg, e dissero may losdigs senhors cossols que losdigs escudiers lor aviau may dig e preguat que els volguesso ajudar e donar al dig Ivan en maniera que lor agues congrazit quar el lor ho podia be servir. It dissero losdigs cossols que lod. Ivan a tramezas letras semblans a moss. d'Albi e que els ero anatz parlar am moss. d'Albi sus aquestas causas et aviau sus aquo agudas motas de paraulas, per que losdigs cossols demandero cosselh als singulars sobre escrig que farian sus aisso. Et, ausidas per los sobre escrigs, las causas desus dichas lots tengro que, se mosenher hi vol contribuir o pagar la meitat, que entre la vila e moss. d'Albi lhi dono l. franxs, autramen no. Et en apres fo saubuda la voluntat de moss. d'Albi que el no paguara la meitat dels digs l. franxs, e fo aponchat per los senhors cossols, atendut cosselh desus dig, que la bila pague l'autra meitat. — Les comptes (f. 42.) marquent pour le même jour, l'achat de 2 lials de vin et de 8 michies, donnés à moss. Bert. Frotier et a *dos soudiers que ero bengutz de part de Yvan de Bearn que portavo una letra de creensa de part del dig Yvan aux consuls*; — et il est payé le 15 décembre *ad i masip que portec una letra de abisamen de part de Penart de Marsac, capitani de Pucy-Beyo*, 2 s. 6 d. (f. 43). — Délib. du 10 décemb. Est dit que H. de Laval étant *buda* pour la ville sur le Puy de *Caslucet* a été et reste encore pris par les *Engles de las Planquas*, des mains desquels il ne peut être délivré *ses finanssa*. Sur quoi, ayant supplié ses amis de lui venir en aide pour payer sa rançon, il est délibéré que vu sa qualité de sentinelle la ville lui en payera 1 tiers. — Délib. du 19 décemb. Les consuls font savoir que *Bertrand de Baretges capitani de alcunas gens d'armas de Foissenx*, leur a envoyé des lettres leur disant qu'il est établi *am sas gensdarmas per gardar lo pays de las gensdarmas las* (que) *son Engles segon que ditz, que au pres lo loc de Jenas, e que els hau mestiers de biures, e que lhin vuelho donar a fi que non aio razo de far aucus dampnatges per los viures*. Délibéré de lui donner *una pipa de vi e xxv l. de candelas de seu*.

(70) Charles V est mort en 1380 et non en 1381.

(71) Il s'agit ici du soulèvement des maillotins qui date, en effet, du 1 mars 1381 (1382).

— 32 —

municipaux de la ville d'Albi. Ces mêmes comptes, ainsi que les Délibérations consulaires, en montrant le pays accablé par le double fléau des dissensions civiles et de l'occupation étrangère, nous donnent les traits principaux de cette situation, passée sous silence dans l'œuvre des Bénédictins, et nous révèlent en détail une foule de faits intéressants. Il y a là des renseignements qui méritent d'être publiés pour l'histoire locale, et comme ils constituent, en quelque sorte, une dépendance de la grande rivalité des deux princes en 1381, et qu'ils se montrent encore assez étroitement liés avec elle durant l'année suivante, il nous a paru que ceux au moins qui appartiennent à cette deuxième période pouvaient trouver ici une place légitime. Nous allons donc rapporter celles de ces indications qui reviennent à l'an 1382, en examinant successivement ce qui se rattache aux querelles des Armagnacs et des Foixiens et ce qui touche aux progrès de l'invasion anglaise.

Dans les premiers jours de janvier, tandis que l'on annonce que le fils du seigneur de Lescure se propose de mettre une garnison à la Renaudie, les compagnons du Pauco qui se tiennent à Rosières, « et qui sont là sur la frontière pour garder le pays contre les ennemis, » demandent des vivres aux habitants d'Albi; mais la ville ne peut accéder à leurs désirs, à cause de ses propres besoins, et, pour le même motif, elle refuse de prêter au vicomte de Paulin quatre arbalétriers qui lui étaient nécessaires pour quinze jours, ainsi qu'une caisse d'artillerie (72).

(72) Délib. de 1381 (v st.) a v *de Jenier*. Vu que la ville a d'autres frais plus pressants à supporter, elle repousse la proposition de racheter et de démolir le lieu de la Renaudie, où le fils du seigneur de Lescure allait mettre des gens d'armes. — Dél. du 6 janvier. Les consuls disent que les compagnons du Pauco, *que estan a Rosieiras* leur ont écrit *que els ero aqui sus la frontiera per gardar lo pays dels enemixs, e que lor donesso dels viures*. Délibéré de ne leur en point fournir, vu que la ville d'Albi est mal approvisionnée *(avitathada)* et qu'elle a besoin des vivres pour ses habitants. — Délib.

Le 18 du même mois, on agite dans le conseil s'il est expédient de se joindre aux consuls de Carcassonne et aux capitouls pour aller exposer au roi le dommage qu'a souffert le pays, ainsi qu'il avait été convenu dans l'assemblée dernièrement tenue à Mazères par les communes ; par la même occasion, on demande si ce sera l'évêque que l'on déléguera à cet effet, comme pouvant mieux que tout autre dire la vérité au roi et à Mgr d'Anjou. Il est délibéré sur ces deux questions, que, comme la ville est voisine des comtes de Foix et d'Armagnac, et qu'en s'associant à la susdite députation, il serait peut-être expliqué au roi certains faits qui pourraient attirer sur les habitants les vengeances de ces deux seigneurs, il est préférable de s'abstenir de toute démarche (73).

du 7 janv. Nouveau refus de prêter de l'argent pour le rachat de la Renaudie, où des gens d'armes vont être placés; le refus est basé sur ce que la ville d'Albi se trouve épuisée par ses propres affaires, *lo loc desta vila es tant afazendat que non poiria prestar 1 d*. — Délib. du 7 janv. Les consuls exposent que *lo vescomte de Paulin* leur a écrit lettres closes leur faisant savoir *que el avia mestiers de balestiers e de artilharia per que lor pregava que thin volguesso prestar III balestiers xv jorns, e may una caissa dartilharia, per que demandero cosselh losdigs senhors cossols que fariau sus aisso*. Est délibéré que, *atendut que los balestiers e lartilharia fa be mestiers per la deffensa de la presen ciutat que hom no lhin baile pong*. — Comptes. 156. f. 43. Payé le 11 janvier à un envoyé qui alla du mandement des consuls à Gaillac, pour demander *al senhor R. Gontelin que nos abises de lus gensdarmas que dizia hom que devion venir a Galhac ni qui entendion a far, e no lhi ausero scriure ni el a lor*, 5 s.

(73) BB. 16. Délib. du 18 janvier 1381 (1382). Les consuls demandent s'il est expédient de se rendre à Carcassonne, attendu que les consuls de cette ville avaient fait savoir par lettres que les capitouls de Toulouse et eux-mêmes étaient prêts à aller à la cour, ainsi qu'il avait été résolu au conseil « dernièrement tenu à Mazères par les communes », et cela afin d'expliquer au roi les dommages qu'a soufferts le pays. A cette occasion les consuls de Carcassonne ont demandé si ceux d'Albi voulaient se joindre à ladite députation envoyée au roi, ou bien si ce sera l'évêque d'Albi qu'on déléguera pour les *comus, coma aquel que ausaria miels dire to-*

— 33 —

Bientôt après eut lieu la tenue des États de Béziers où un député d'Albi resta 63 jours. Cette assemblée vota un subside afin de pourvoir à la défense de la province, ainsi qu'au paiement et au renvoi des troupes; mais nous ne voyons pas encore d'amélioration dans l'état du pays, toujours foulé par les gens de guerre (74). En effet, l'on sait déjà qu'en Toulousain les communes, associées sans doute aux Foixiens, doivent prendre elles-mêmes les armes contre les partisans du comte d'Armagnac, tandis que vers cette époque les populations de l'Albigeois ont à supporter des calamités plus grandes peut-être. Si les troupes de Paulin paraissent contenir les Anglais, sans que l'on puisse cependant leur enlever Jeannes, (75) la lutte des Foixiens et des Armagnacs se révèle avec une nouvelle intensité.

las causas al Rey et a moss. d'Anjo que i autre. Sur ces questions, vu que la ville d'Albi est voisine des comtes d'Armagnac et de Foix, et que tals causas so poyrian explicar al rey que se lo presen ciutat era en causa de trametre no poiria aber gran malvolensa e per consequen sufertar gran dampnatges et que aitant be se fara sos nos causa am nos, il est résolu de ne pas se joindre à la députation, et de ne lui rien envoyer.

(74) D. Vaiss. vii. 313. — Compt. 156. f. 44. Payé le 29 janvier au député d'Albi, G. Chatbert, qui alla à Béziers au conseil mandé par Msgr de Berri *e estec tro a 1 de abril, que so lxiii dias dels quals estec xxviii. ab rosi a xii gr. per jorn, e xxxv sos rosi a x gr. per jorn, monta xlij flo. xvii s. vi d.* Voir aussi *Inv. Somm.* CC. 156. — Il fut dépensé aussi le 29 janv. *per so que me costero xv francxs que cromprieu al lo contan quar no lo ausero portar per los perills dels camis aisi que los pagues cose al jubo, a v d. per franc vi s. iii d.* (Compt. f. 44.) — Le 30 janvier on paye un homme qui est envoyé au gué de Lescure *per saber noelas de gendarmas que coriou a Lascura* (Compt. f. 44.)

(75) Dél. du 12 fév. (1382, nst.) Est exposé que Bertr. de Baretge *capitani de las gensdarmas que so a Paulinh* a envoyé des lettres aux consuls disant qu'il se trouvait placé en ce lieu avec ses compagnons pour empêcher que les ennemis du roi *no correguesso ni raubesso lo pays e que aitant coma hi avia estat negus hon avia donat dampnatge en esta vila, e que si ni sus gens no podiau pas estar aqui per gardar lo pays ses qualque cortesias que lo*

Dès le commencement de février, on a à se plaindre d'un Foixien, du nom de Personne, qui fait à la ville d'Albi des réclamations accompagnées de menaces; et le 24 mars il paraît que les Commingeois alliés des Armagnacs, ainsi que le porte la chronique de Del Verms, s'étaient déjà emparés de Terssac (76). C'est alors, comme nous l'avons vu, que vient se placer dans la série des événements le siège de Buzet, pendant la dernière semaine de mars. Albi, qui venait de refuser une demande d'argent adressée par le comte d'Armagnac (77) avait avantage à

pays lhi fassa de que visc. Per que lor pregava que els lhi volguesso donar e far qualque plazer, a fi que poguesso miels deffendre lo pays; e sus aquo tosdigs senhors cossols demandent conseil. Délibéré de lui donner 2 pipes de vin et 1 *cartairo de candelas de ceu.*

(76) Compt. f. 44. Le 7 février, la ville paya un envoyé *que anec a Lautrec per portar una letra a moss. Johan de Lorda per notificar las amenassas que nos fasia Persona per la marca que demandavo per aquo de so fraire.* — It. il est aussi payé une autre somme pour le port d'une lettre, écrite par J. de Lorda audit Persone, *d'esta vila* (d'Albi) *à Florentinh.* (f. 44.) — Le 19 mars la ville envoie au lieu de Rantelih afin d'y avertir *la bada que Persona nos devia core et que abisets las gens* (f. 46.) — Dél. du 24 mars. Comme les gens d'armes, *que teniau lo loc do Terssac per lo comte do Cumenge, desquals ero capitanis Joh. Guiot et Joh. de Vilanova,* demandaient que la ville leur donnât des vivres, il fut délibéré de leur faire les mêmes dons que ceux qui avaient été faits à B. de Baretge *capitani de la establida de Paulhin* (savoir, 2 pipes de vin et 1 *cartairo* de chandelles de suif.) — On paie le 29 mars 2 envoyés qui allèrent à Terssac *per far resposta a Johan de Vilanova de una letra de cresensa que avia portada e esplicada de part de moss. de Armanhac, lodig. J. de Vilanova, als cossols* (Compt. f. 46.)

(77) Dél. du 18 mars. Msgr d'Armagnac réclame que la ville lui paye 248 francs pour 1 franc par feu, à lui assignés par le Duc de Berry. Délibéré de lui répondre qu'on ne peut consentir à la levée de cet impôt, dont on n'a jamais entendu parler, et que d'ailleurs il n'y a que vii vingts feux dans la ville. — Le 20 mars on paye 1 *masip de Caramous que apela hom Johanna per una letra* qu'il apporta de la part de M. d'Armagnac, demandant 248 francs, dus pour une assignation *facha per moss. de Beri* (Compt. f. 46).

6

maintenir sa neutralité entre les deux camps; mais la ville semblait être sortie de sa réserve en faveur des partisans des Armagnacs, et de là, sans doute, les menaces des Fuxéens. On trouve en effet que le 27 mars deux envoyés des consuls se rendirent au siège de Corbarieu pour savoir si, comme il avait été rapporté, les assiégeants devaient marcher sur Albi aussitôt après avoir terminé leur expédition (78). Or nous savons par la chronique de Del Verms, qui tire de ce passage un argument en faveur de son exactitude, que les assiégeants n'étaient autres que des Foixiens. Les griefs de ceux-ci sont d'ailleurs articulés dans un conseil de ville tenu le 2 avril suivant. On y rapporte que messire Frotier, au service du comte de Foix, a dit aux consuls qu'il soupçonnait que la ville pourrait subir de grands dommages, parce qu'il avait appris que si l'on continuait d'y accueillir les gens d'armes qui se tiennent au lieu de Terssac et qui sont les ennemis de Mgr de Foix, les troupes de ce prince feraient des courses sur le territoire d'Albi. Pour éviter ce danger, Frotier engageait les habitants à lui promettre de ne plus recevoir des gens de guerre, d'aucun des deux partis, soit Foixiens, soit Armagnacs, mais seulement s'ils demandaient quelques provisions, de les leur vendre pour leur argent, en dehors de la ville et sans leur permettre d'entrer. Le conseil décide de se conformer à cet avis, et en outre, comme Personne, qui demeure à Florentin, veut porter dommage aux habitants pour la marque qu'il demande à cause de son frère, pris, dit-il, par les Armagnacs et emprisonné et rançonné dans Albi, on accepte la proposition qui est faite par ce demandeur, de s'en rapporter sur cette affaire, au jugement du même Frotier. Enfin on décide que si Mgr d'Armagnac vient à Albi, on le recevra, s'il se présente amiablement et sans armes, mais que, pour ses gens de guerre, tout en leur faisant le plus de plaisirs possibles, on ne les laissera pénétrer dans la ville, de peur que celle-ci ne se perde (79). Peu de jours après, le 10 avril, un religieux alla trouver le comte d'Armagnac à Villefranche de Rouergue, afin de lui faire savoir au nom des habitants d'Albi, les préjudices qu'ils éprouvaient de la part de ceux de Thuriès, les menaces que leur faisait P. de Galart, et la résolution qu'ils avaient prise sur l'entrée des gens d'armes (80).

Cependant Personne était loin d'avoir réglé son débat, car à la fin d'avril, comme il menaçait toujours de courir sur la ville, celle-ci porta à cette occasion ses plaintes aux officiers du comte de Foix et au comte lui-même, en réclamant aussi leur protection contre les troupes de Terssac, qui faisaient des réquisitions de vivres (81).

(78) Compt. f. 30. *It paguiey a xxvii de mars (1382 n. st.) de mandamen dels senhors cossols a Fraire R. Isarn e a son companh que anero al seti de Corbarieu per saber e per spiar totas novelas e per saber sera berlat que las gens deldig seti nos amenassavo, quar ayssi era estat reportat que fachat aquo els bentou sus nos, etc., ontre anar e tornar, vi jorns, ab estar la, mi l.*

(79) Délib. du 2 avril. Voici seulement deux extraits du texte : vu qu'on reçoit dans Albi les gens d'armes *que estan al loc de Tersac*, qui sont *enemix de moss. de Foiss*, Frotier a entendu dire que *lo loc desta vila fora corregut per los Foissincs et dampnejat*, à moins que les habitants ne promissent de n'y avenir nul homme d'armes, ni *de companhas daquels de Tersac ni d'autra part, sian Foissences ho Armanhagues, intres dins esta vila.* Il est exposé aussi que Personne veut causer des pertes aux habitants *pen merce que demanda per so fraire que dietz que fo pres per los Armanhagues e aprionat e menat en esta vila e lo abiau fag finar* dans cette cité, mais qu'à raison de ce qu'il demande pour cela *el se era vengut de far so que moss. Bert. Frotier en ordonneria*, etc.

(80) Le 10 avril, certaine somme est payée à *Fraire B. Grimalh presicador et a son companh* pour les 8 jours de son voyage à Villefranche, où il est allé parler à Mgr d'Armagnac au nom des consuls, pour lui expliquer les dommages portés par ceux de Thuriès, ainsi que les menaces que P. de Galart faisait aux habitants, *e l'aponchamen de la intrada des gensdarmas.* (Comp. f. 47.)

(81) *Inv. Somm.* CC 156. — Compt. f. 48. Le 21 avril on paie ceux qui allèrent porter des

A ce moment, comme le prouvent les passages que nous venons de rapporter en note, les Fuxéens paraissent occupés au siége du lieu de Terssac, qui fut enlevé par eux, et que l'on retrouve en leur pouvoir dans les mois suivants. C'est aussi avant la fin d'avril que les gens d'armes de Mgr de Foix, à Terssac, firent une chevauchée contre la ville d'Albi et capturèrent plusieurs habitants à raison de la demande que faisait Personne. Il fallut négocier avec ces soldats pour traiter sur la rançon des prisonniers et envoyer en même temps au comte de Foix afin d'implorer sans doute sa justice (82).

lettres à Moss. Bertr. Frotier et à Persone sur la demande *que fasia lodig Persona sus la vila anero y dous bets*. It. *paguicy a xxii de abril a Brunou per portar lotras a moss. lo senescalc e a moss. de Crimps per splica la demanda que nos fasiou aquels que bengro metre lo seti a Tersac per lo comte de Foys*. It. payé, le même jour, le vin donné *a moss. Bertr. Frotier, quant benc del seti en esta vila.* — Compt. f. 49. Item *paguicy* (xxii *abril*) *per iii s. et ii lials de vi a for de xvi s. lo sest. et per ii sest. emina do sivada a for de v gr. e miog lo sest. et per vim xv michas de ij d. et m. la pessa, per trametre a la comuna de Gualhac quant bengro a Tersac, per v l. v d. m.* Suivent d'autres frais pour porter ces vivres à Terssac. — Dél. du 24 avril. Est dit que les gens d'armes Foixiens *aviau adempratz lo loc desta vila que hom lor fezes aver viewres per lor argen;* plus *que Persona se volia perforsar* de faire dommages audit lieu et *a las gens desta vila, et levar merca*, pour quelque querelle qu'il soulève, pour son frère; plus, que les Foixiens *voliau requere lo loc desta vila que hom gites de la vila B. de Bord. e G. Guibert, quar so armanhagueses, dizens que els lor procuro lors damnatges;* enfin, que certain habitant s'efforce de mettre *en coratge a las gens darmas dels Foissenxs de corre* sur la ville, car celle-ci ne paye pas les 800 francs dus à son frère. Délibéré de délivrer des vivres aux Foixiens *per lor argent;* quant *andco de Persona, tengro que atendut que es home desrazonable e poira donnar e far subdamen gran dampnatge,* non obtan que la vila *nolhaia negun tort, que vcia hom ne se poira tractar am Persona que hom lhi done qualque causa no fazen merca daquela merca ni desso que demanda*, et si led. Persone avait des exigences trop fortes, en ce cas on enverra à moss. de Foix, en le suppliant qu'il nous donne secours et que ses gens ne nous portent préjudice; au sujet de ce qu'il faut donner *à las gens que teno de presen lo loc de Tersac,* est décidé de ne leur rien délivrer, mais on n'expulsera pas B. de Bordas et G. Guibert, car à leur tour les Armagnacs réclameraient l'expulsion d'autres habitants qu'ils diraient Foixiens, ce qui dépeuplerait la ville. — Comptes f. 49. Le 25 avril on paye un garçon (*massip*) qui alla a *Cadaluenh* pour porter des lettres à M. Bertr. Frotier sur la demande faite à la ville; et le lendemain, une autre somme fut donnée à un religieux, *vicari de mgr d'Albi,* qui alla trouver *monsgr de Foys per dire los damnatges e las amenassas que nos fasia Persona per la merca que demandava.* — Dél. du 27 avril. *Lo senhor del Castelar de la garniso de Tersac* demande que la ville d'Albi lui fournisse des vivres *per las gens darmas que aviau pres lodig loc de Tersac*. Décidé que, quant à présent, il ne leur soit rien donné *(no lor fos re donat)*.

(82) Compt. f. 50. Le 30 avril, on trouve une dépense pour un envoyé qui alla à Mazères faire savoir au comte de Foix les dommages *que aviou donatz Persona e aquels de Tersac quant preyro Polier els autres*. Une autre dépense fut faite, le même jour, pour faire apporter à Lautrec une lettre adressée à Jean de Lhorda, sénéchal de la terre du comte de Foix, et qui lui notifiait les pertes occasionnées par ceux de Terssac. It. *paguicy ad i de may ad i masip que portet una letra a moss. Bertr. Frotier a las Teulieyras* (commune de Parisot) *per notificar los damnatges que aviou donat aquels de Tersac, ii s. vi d.* — Délib. du 1er mai. *Sobre la cavalgada que aviau facha las gens d'armas de la garniso de Tersac quant preiro Polier muselier d'Albi e d'autras gens desta vila, e so aponchat que hom escriva a fraire Amanieu que era anat al comte de Foiss per explicar ganre de greuge, que las dichas gens darmas fasiau et entendiau a far contra la vila d'Albi, e que hom lhi mande la dicha cavalgada et dampnatge que abiau donat e que ho diga al comte de Foiss et issamens que hom no escriva aldig moss. de Foiss que hi buelha remediar e que lo gardia de fraires menors ane a Tersac per parlar am las dichas gens darmas et acer seguransa de lor a ii boshomes que puesco anar e tornar per tractar am lor sus las causas que entendiau demandar a la presen ciutat, losquals homes foro F. Picart et M. Hugat.* — Ibid. 2 mai. Sur ce que Olier et autres *homes et bestials d'Albi fosso estatz preses et aprionatz per las gens d'armas de moss. de Foiss que estau a Terssac, fo aponchat que hom los seguis e lor tractes lors finanssas, lasquals finanssas se paguesso de lor propris bes, e que F. Picart et M. Hugat ho seguisso.* — Ibid. 3 mai. Sur ce que Olier disait avoir été capturé par les gens d'armes *que ero en establida en lo loc de Tersac per moss. de Foiss, per la merca que demandava Persona* à la ville, et que pour sa délivrance il avait composé à six vingts francs, sur quoi il demandait d'être indemnise par la ville, est décidé que ladite rançon sera payée par lui avec ses propres biens.

Le Pauco de Lantar qui en juin suivant réclama certains bœufs, sous peine de marque, occupait Terssac en ce même mois, ainsi qu'au mois de juillet, comme capitaine du comté de Foix (83), et c'est à cette époque sans doute *(dum fortalicium de Terssaco occupabat,* avec le bâtard de Corn) qu'il entretint des intelligences avec les Anglais (84).

Sans rechercher plus longtemps la suite des incidents de la lutte entre les deux partis, ajoutons que plusieurs années après, en 1387, il est encore question des Foixiens qui, sous la conduite de Frotier, s'emparèrent de Lagrave (85).

Quant aux Anglais, ils continuèrent, durant la même période c'est-à-dire en l'année 1382 et suivantes, leurs envahissements et leurs ravages; mais l'historique de leurs progrès se rattache moins directement à notre sujet et il nous suffira de dire en terminant qu'on voit ces étrangers en septembre et en décembre, établis à Las Planques et au château de Jeannes, et que pendant les deux ou trois années qui suivent, ils sont également les maîtres de Rosières, de Lescure, de Terssac, de Curvalle et de Paulin (86). Vainement essaya-t-on de les chasser par la force de plusieurs de ces places ; il fallut composer avec eux et leur payer de grosses sommes pour les décider à se retirer et obtenir l'entière délivrance du pays.

———

Telle est la série des événements auxquels l'Albigeois et quelques territoires voisins prirent part, à l'occasion de la querelle du comte de Foix et de ses partisans avec le duc de Berry et le comte d'Armagnac. Quoique nos recherches n'éclairent pas entièrement tous les points douteux ou obscurs sur lesquels on pourrait jeter de la lumière, nous nous bornerons en ce moment à cet aperçu, parce que nous croyons qu'il donne la plupart des traits saillants qui révèlent pour une époque mal connue le passé de notre région particulière, et qui, en même temps, modifient quelquefois les idées reçues sur les événements généraux du Languedoc.

Aussi bien pensons-nous avoir à peu près rempli, par la même occasion, un second dessein que nous nous étions proposé et qui était de justifier le récit des faits tel qu'il est rapporté par la chronique de Miquel Del Verms. Après l'examen que nous avons fait de quelques-uns de ses passages, il nous paraît établi que malgré des erreurs de date involontaires (et contre lesquelles

(83) *Invent. Somm.* CC.156. — Comptes, f.52. Le 5 juin, on paye les gens *que seguero tre a S. Amaran los buous qu'en menava l home de Valensa, losquals buous demandava lo Pauco de Lhantar et bort de Corn por lors et que lors fosso reduts ultramen els rallou lous menar ni tornero losdichs buous a Tersac de mundamen de M*[e] *G. Garnier, loctenen dal biguier.* — Dél. 9 juin, Le Pauco de Lantar demande 3 francs à la ville sinon il lèvera marque. — Délib. 18 juin, Le Pauco *menassa toljorn de far guerra en esta vila. Délibero que uf que sia may aimable a la vila que hom lo serviscà d'aucas e de galinats.* — Compt. f. 55. En juillet, est payé un envoyé du viguier de Castelnau qui avisa que ceux de Terssac devaient courir sur Albi. — Délib. 14 juill. (f. 132). Est dit que le Pauco *qua demoro capitani per moss. de Foiss en lo loc de Terssac,* a écrit aux consuls que *lhi prestesso una bombarda garnida de polveras.* Sur quoi, *tots vengro et acosselharo que hom no lhi trametes, pong lodicha bombarda ni las polveras quar en esta vila era grandamen necessaria.* — Dél. 25 juill, Le Pauco a envoyé aux consuls, le même jour, un écuyer son compagnon, pour demander un roussin. — Dél. 30 juill. Vu que le Pauco de Lantar a fait diverses demandes à la ville, il est décidé *que atendut que moss. d'Armanhac am ganre de gens d'armas so davan Rosieras assetjatz no seria sacieza que hom lhi donés re, quar perilh seria que, se ho sabia, no portes mala voluntat a la vila,* et qu'ainsi on s'excusera auprès dud. Pauco, lui rappelant les services à lui rendus par la ville, lorsqu'il était à Padiès, à Rosières et à Terssac.

(84) M. Compayré, 326.

(85) *Invent. Somm. d'Albi,* par M. Jolibois, CC. 157.

(86) Outre D. Vaiss., voir Compayré, 261, 326, 347, et *Inv. Somm.* d'Albi BB. 10, 17, CC. 90, 156, 157, EE. 11, 12, 13.

du reste on est obligé d'être souvent en garde chez tous les chroniqueurs anciens), cette relation est précise et véridique dans toutes les circonstances qu'elle énumère, et forme par son étendue le meilleur document que nous possédions sur cette partie de notre histoire provinciale. Nous avons donc tout lieu d'espérer que l'on pourra l'employer à l'avenir sans avoir à craindre de se confier à des inventions de panégyriste ou à un compilateur mal informé, mais avec l'assurance au contraire que l'on suivra un historien qui écrit fidèlement, d'après des sources authentiques et probablement officielles (87).

(87) L'œuvre de Del Verms renferme surtout de nombreux renseignements sur les démêlés des comtes d'Armagnac et de Comminges avec les comtes de Foix et elle complète souvent l'histoire du Toulousain et des pays voisins, du Sud et de l'Ouest, où elle suit entre autres les courses des routiers au xve siècle. Si ce n'est pas le lieu d'insister sur la richesse de ces indications, il est bon de la signaler en passant, afin de faire ressortir l'intérêt qu'offrirait une constatation sans réplique de la valeur de toutes les données de ce document.

EXTRAIT

DE LA

CHRONIQUE DES COMTES DE FOIX

Par MIQUEL DEL VERMS

D'APRÈS LA

Copie du volume 164 de la collection de Doat, à la Bibliothèque nationale (88)

Com lo comte Febus foc governador de las tres senescalsias, et de sa querela am lo duc de Berry.

L'an dessus (1378 corr. 1380), estan lo comte Febus, lo rey de Fransa Karles moric. Et foc governador lodit comte de Foix Febus de las tres senescalsias, so es, de Tholosa, de Carcassona et de Belcayre. Et per lodit governamen bailhar, venc al dit mossenhor lo comte de Foix, en Bearn, hun cardenal. Item, l'an après, l'an mil ccc setanta e nou, lodit mossenhor lo comte Febus pres en garda lo comtat de Bigorra.

L'an mille tres cens et oeytante, lo jour de l'aparicio, lo comte Febus venguet de Bearn en fore al comtat de Foix am mille homes d'armes et pres per amparansa Tholouse et las seneschalsias de Carcassone et de Belcayre a las requestes de las communes, et s'en anec a Tholouse et fec son hostal a Sent-Subra, et acquieu lo receberen per capitan, et regnec gouvernadour per tot aquel an. Mas per so que orgulh, enveya et conveytise son frayres et razits de touts mals, l'an aprop, mille tres cens oeytante et un, lo duc de Berri, oncle del Rey, ad instigation et importune et enveyose persecution del comte d'Armaguac, de Comenge, de Labric et de toute lour sequela, se ingeric loctement de Rey, e venguec a Albi apres la Nativitat de Sen Joan baptiste per contrastar aldit comte de Foix Febus e per far contradictio a son gouvernament. Et aqui medix, en los mes de juli, l'avesque de Lengres en France et mossur Lo Galois Isalguier de Tholouse foren tractadors entre lours et accordadors, et feren ab lo duc de Berri que lodit comte de Fois Febus anes a parlament aldit duc a Carcassone, et prengueren un dilay de venir en assemblament et parlament ensems. Et pendant lo dilay la gent del duc de Berri, la sepmana daban la Magdalena, correren en Lauragues, et rauberen et pilheren et s'en

---

(88) On pourra remarquer que le copiste a employé ici des désinences et des formes appartenant peut-être au gascon moderne ou béarnais (?) et qui ne se trouvent pas toutes, à ce qu'il paraît, dans le manuscrit de Pau; mais ces différences de langage n'altèrent en rien le sens précis du texte.

tornaron ab lo pilhadge entro Rabastenx d'Albeges; et aqui foren aconseguits lo dimenge, vigile de la Magdeleine, per la gent del dit comte Febus et del capdal de Vug et del seignour de Duras et per lous Foixens et Béarnes et per lo comte d'Alzona et per lo comte de Cardone et per Rogier de Palhas et per Tristan de Castelbon. Et al bari de Rabastenx (89), a hore del soleilh lhevan se ajusteren et feren grandes caramusses et se feren grands morts. Empero foren vencutz las gens del duc de Berri e y moriren de la sienne part sept cens homis d'armes et dus mil pilhars (90); et foren pres sept penos deldit duc de Berri losquals, ab d'autres prisounés, foren menats a Mazeres aldit comte de Foix Febus, entro al nombre de detz capitans; et le bastart de Landorre foc pesseyat (91) en ladite escarmusse. E lo disapte a tres d'aoust foren amenats el castel de Foix dus capitans, la un avia nom mossen Tristan, et l'autre Nichili, et foren metuts al fons de la tor, en fers, en cadenes et en manottes; et al castel de Varilhas, le bastard de Savoye et lo bort de Cazeris ; e al castel de Pamias lo Negre de Valencia am lous maiors de sa sequelle ; et a Mazeres un capitan apelat Benazit am toute sa sequelle.

(89) M. Buchon, dans l'édition qu'il a donnée de la chronique, défigure complètement ce passage en l'écrivant et en le ponctuant de la manière suivante, où le Pirée devient un nom d'homme : .. *e per Tristan de Castelbon, et Alcarido Rabastens. A hora de soleilh levant.*..

(90) Le texte imprimé ne fixe qu'à 7 le nombre d'hommes d'armes tués dans le combat, ce qui non-seulement est invraisemblable, mais n'est pas conforme à notre copie, dans laquelle se trouve le chiffre de 700. Au reste, le lecteur pourra remarquer que la lettre des consuls de Valence au sujet des routiers qui entrèrent dans le pays lors de l'arrivée du duc de Berry (Voir ci dessus, note 47 bis), porte également l'effectif de leurs troupes à 2,000 bassinets ou piétons et à 500 ou même 700 hommes d'armes, car, à la rigueur, lo signo. v^{cc} signifie peut-être 500+200. Cette concordance dans les chiffres des deux documents nous paraît précieuse pour aider à soutenir l'exactitude de notre chronique.

(91) C'est encore par erreur que M. Buchon a écrit ici *foc personyat*.

Gran proces y aguec entre lodit comte Febus et lodit duc de Berri, et tractamen entre lors que seria long per escriure. Empero lo duc de Berri no sèn tornec chens puissament ni chens respostes.... Et encaro demorec entre lor, entro apres que aguec acord entrels, et foc feyt à nostra Dona de Marselha, cum s'en sieg.

LA PATZ ET L'ACORD DEL COMTE FEBUS AM LO DUC DE BERRI.

L'an mil tres cens oeytante et hun, lo quart jorn d'aost, mossur lo comte de Foix Febus partic de Mazeres per anar a parlament am lo duc de Beri; et abia ab si dus mil homes d'armas. Et s'aloget sus la plassa davant Limos; et lo duc de Berry s'aloget à Cuissa, que es de l'archevesque de Narbona. Et lo di-jous apres s'ajostaren en la glesia de Nostra-Dona de Marselhia; et aqui se feren gran festa, et feren patz, et ausiren messa et partiren lo cors de Diu ab dus; et sus l'acord del regimen prenyaren quinze jorns que fossen à La Pomarede. Empero no se tenguec la jornada.

Et apres, lo dilus, en IX de setembre, lo duc de Berry venc a Mossenhor lo comte de Foix Febus a Maseras; et lodit Mossenhor lo comte li yssit entro a Canenes. Et a qui se firen gran festa sus l'encontre ; et s'en venyeren ansems à Maseras; et lodit comte de Foix se aloget a La Grange. Et lodit comte fec grant festa et grant honor al duc; et se partiren amics et en bon acord.

. . . .

L'an mil tres cens oeytante et un moric lo Rey Charles de France que era de bonne vida et honesta, et l'an medix la commune de Paris occiguet trops officies del Rey per las impositions. Et l'an medix, la darrere sepmana de mars, (92) la commune de Tholouse metec lo seti a Buset,

(92) L'édition de la chronique qui a été publiée porte *mai* au lieu de *mars* qui est pourtant dans la copie de Doat, et qui se confirme au surplus par d'autres documents.

loqual loc lous Armanhagués ablan pres per consentiment del capitan, que ere de Tholouse, et d'alguns autres, loqual loc de ladite commune dens petits jours foc pres dasaut, et moric lo capitan et lous que se consentiren. Et apres de qui en fore aneren a Cornbarrieu (93), pres de Montalban, on se era mes mossen en Menadioc

(93) M. Buchon remplace ces derniers mots, très-lisibles dans Doat, par ceux de *averen ancara Barrieu,* ce qui rendrait le passage inintelligible.

(94) ab grands gens d'armes d'Armanhagnés et de Comenges, et dins paucs dies lodit locg foc pres per la ost de Tholouse, et aquels que eren dints s'enfugire, et foc deroquat lo castél. En apres la ditte commune anec metre seti a Bozel on eren Armanhagués et Comenges que corrian la terra et daqui en fore fazian grands mals.

(94) *Mossen lo Menaduc,* dit l'édit. Buchon, qui signale déjà ce seigneur parmi les Armagnacs dès 1376, où il fut pris par les Foixiens, et en 1378, où il s'empara de Muret et de la comtesse de Comminges (p. 586, 587).

Roquesérière — Septembre 1878.

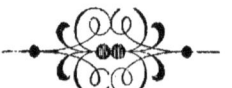

ALBI. — IMP. G.-M. NOUGUIÈS.

www.ingramcontent.com/pod-product-compliance
Lightning Source LLC
Chambersburg PA
CBHW060458050426
42451CB00009B/704